第二言語習得研究の科学
Second Language Acquisition Research
3

人間の能力

大瀧綾乃
須田孝司
中川右也
横田秀樹
［編］

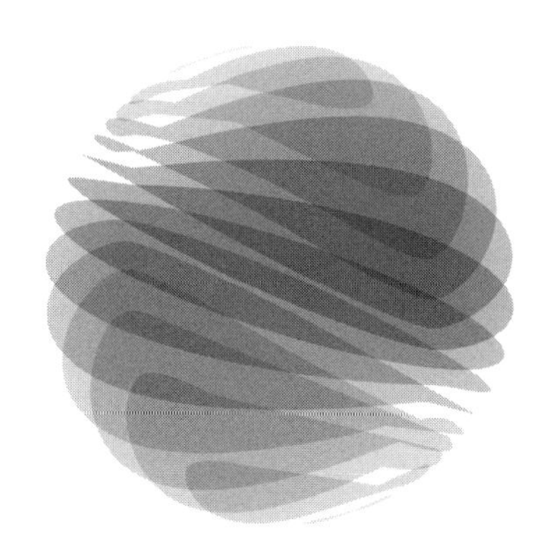

くろしお出版

第3巻　まえがき

突拍子もなく聞こえるかもしれないが，言語は月の満ち欠けのように自然現象のひとつと捉えることができる。日本語や英語などの言語は，コンピューター言語などの人工言語のエスペラント語のように意識的に人間が考えて設計したものではなく，自然に発現したものである。それゆえ「自然言語」と呼ばれる。実は，第二言語も，第一言語と同様に自然言語の特徴を有している。

第二言語習得研究の科学シリーズの第3巻は，そのような自然言語を習得するための「人間の能力」に焦点を当てたものである。つまり，言語に関わる脳内の認知システムの解明に向けて取り組む研究を掲載している。言語（習得）の能力は，目に見えず直接観察することができない。そのため可視化が必要である。そこで，本巻を読む前に3つのポイントを示しておきたい。

1つ目のポイントは，直接観察できない言語能力を引き出すデータ収集の「方法」である。たとえば，第1章は母語の文法を無意識に知っていることを実感させるために，内観法を用いている。また，第2章はコーパスを活用した方法，第5章は正しい用法の冠詞を選ぶ選択タスク，第6章は4段階にわけて文法の正誤を判断してもらう文法性判断テスト，第8章は脳波（事象関連脳電位 Event-Related Potential: ERP）を用いた方法を扱っている。言語研究にとって言語「能力」を可視化する方法はさまざまであるが，採用する方法を間違えれば正しいデータが得られず，科学的検証ができない。各章で人間の能力を測るためにどのような実験および調査方法が用いられているか慎重に見ていただきたい。

2つ目のポイントは，データ収集の「対象」の重要性である。たとえば，第2章では多義語，第3章では Wh 疑問文，第4章と第6章では代名詞，第5章では冠詞など特定の文法項目に焦点を当てている。データの種類としては質的，量的そして横断的，縦断的データがあるが，それらは人間の能力を科学的に検証するためには不可欠な証拠である。そして，適切な方法で得られたデータは，同条件下であれば誰が集めても同じ結果を示すはずである。つまり，次に触れる理論的アプローチのどれを採用しようとも，集めたデータは普遍的であり，いつでも再検証できるものである。各章がなぜ当該データを扱っているのか考えながら読み進めてほしい。

3つ目のポイントは，得られたデータの説明が「理論」に基づいていることである。直接観察ができない「能力」を明らかにするために収集されたデータは，あくまで間接的なものであり，さまざまな説明が可能となる。しかし，理論に基づかない，その場限りの説明はアドホックな説明と呼ばれる。そのような説明では，他に応用ができなかったり，論理的に矛盾が起こったりする。したがって，集められたデータを説明するには，その場のデータに限らない汎用性の高い説明が必要で，そのためには理論が欠かせない。たとえば，第1章，第3章，第4章，第5章，第6章は，統語論（生成文法理論など）に基づいたアプローチを取り，言語能力を説明している。また，第2章では認知意味論および用法基盤アプローチ，第7章では学習理論，第9章では複雑系理論を利用している。第8章では特定の理論が示されていないが，ERPによって第二言語習得のさまざまな仮説や理論を検証できる。いずれにしても，人間の能力の解明のために何らかの理論的アプローチを取ることで，より広範囲の現象の説明が可能となる。さらには集めたデータが，特定の理論をサポートする証拠として機能することにも繋がる。

以上のように，この3つのポイントは本巻の各章に散りばめられている。また，各章では，できる限り専門用語を避け，どうしても必要な場合は解説を加えるようにしたので，ぜひじっくり読んでいただきたい。これまで見えなかった世界が見えるはずである。

各章の最後には，「外国語教育に関わる人が知っておくべきポイント」と「執筆者から読者へのメッセージ」があるので参考にしてほしい。また，本巻の最後には，白畑氏の「あとがき」があるが，なぜそれがあるかは第1巻の「発刊にあたって」をご覧いただきたい。

令和5年初春

第3巻　編者　大瀧綾乃

須田孝司

中川右也

横田秀樹

目　次

1
日本語の文法現象と第二言語習得
—母語の文法を実感すること—

畠山雄二・本田謙介・田中江扶

1. はじめに

教室で学生に英文法を明示的に教えることの重要性は，白畑（2015）において，周到な実験とその実験結果の綿密な分析に基づいて主張されている。筆者らもこの考え方に大いに賛成なのだが，「英文法を学んでも英語が話せるようにならない」という声も聞かれるし，さらには「母語である日本語は文法など学ばなくても話せているのだから文法は必要ない」といった意見もある。しかし，このような意見には「大きな勘違い」がある。それは，母語の文法は「知らないうちに」脳の中に入っているということだ。つまり，母語話者は意識しないだけで文法は頭の中に「リアル」にある。言い換えれば，言語をマスターするには文法は必要なのである。このことがわかって初めて，英文法を明示的に教えることの重要性が理解できる。

本章では，母語である日本語をとりあげ，身近な例を使って私達の頭の中にある具体的な文法を示すことにする。そうすることで，日本語の母語話者は，《無意識に「文法」を知っている》ことが「実感」できるはずである。さらに，《無意識に「文法」を知っている》という事情は英語でも同じであることに気づかせてくれるはずだ。すなわち，英語の母語話者は無意識に「文法」を知っているから英語を話せるのであり，文法を知らなければ母語話者でも英語を話せない。このような無意識に知っている知識を「暗示的知識」というが，私達は英語の母語話者のような暗示的知識をもっていないため，明示的に英文法を示してもらいながら学習していく必要がある。

本章では，第 2 節で，私達の頭の中にある日本語の「暗示的知識」の例をいくつか提示する。続く第3節では，文法は時代とともに自然に変わっていくものであることを示す。これらのことを通して筆者らが伝えたいことは，まず，英語を学ぶ際には英語母語話者が無意識に共有している文法を明示的に示してもらうことが重要だということである。そして，文法は自然発生的にでき，変化するものであるからこそ，英語を使うためには今どのような英文法をネイティブは共有しているのかを知ることが重要だということである。

2. 知らないうちに頭の中に入っている文法

この節では，日本人の頭の中にすでに入っている文法を見ていく。以下で見ていくさまざまな文法は，学校の授業などで勉強して身につけたものではなく，日常生活で「自然に」身についたものばかりである。そして，その文法は，日本語を話せる人全員の頭の中にリアルに存在している。

2.1 「い」省略現象

日本語の口語表現では，(1) のように「〜ている」の「い」が省略されて「〜てる」と発音されることがよくある。

(1) a. 太郎が笑ってる。 (cf. 太郎が笑っている。)
　　b. 花子が泣いてる。 (cf. 花子が泣いている。)

(1a) では，本来「笑っている」というべきところを「笑ってる」というように「い」が省略されている。同様に，(1b) では，本来「泣いている」というべきところを「泣いてる」というように「い」が省略されている。このように「ている」などの「い」が省略される現象を《「い」省略現象》とよぶことにする[1]。

ここで，「い」省略現象がどのような環境で起こるかを見てみよう。まずは「ている」の直前に現れる動詞の種類について見てみよう。

(2) a. 太郎はリンゴを食べてる。(「食べている」:「食べる」＝他動詞)

1 「い」省略現象の詳細については，畠山・本田・田中 (2015) の第6章を参照。

b.　花が咲いてる。　　　　　(「咲いている」:「咲く」＝自動詞)

(2a) のように「ている」の直前に他動詞が現れている場合，「い」が省略できる。また，(2b) のように「ている」の直前に自動詞が現れている場合も「い」が省略できる。このように，「ている」の直前に他動詞が現れても自動詞が現れても「い」が省略できることから，「い」の省略は「ている」の直前の動詞の自他にかかわらず起こることがわかる。

次に，「ている」の「てい」の直後の要素の種類について見てみよう。

(3)　a.　花子が笑ってる。(笑っている：「る」＝現在時制)
　　b.　花子が笑ってた。(笑っていた：「た」＝過去時制)
　　c.　花子が笑ってます。(笑っています：「ます」＝丁寧表現)
　　d.　花子が笑ってない。(笑っていない：「ない」＝否定表現)

(3a) のように「てい」の直後に現在時制を表す「る」が現れている場合，「い」が省略できる。また，(3b) のように「てい」の直後に過去時制を表す「た」が現れている場合も「い」が省略できる。また，(3c) のように「てい」の直後に丁寧表現の「ます」が現れている場合や，(3d) のように「てい」の直後に否定表現の「ない」が現れている場合も「い」が省略できる。このように，「てい」の直後に現在時制，過去時制，丁寧表現，否定表現のどれが現れても「い」が省略できることから，「い」の省略は「てい」の直後の要素にかかわらず起こることがわかる。

これまでのことを総合的に考えると，私達の頭の中には (4) のような文法規則が入っていると考えられる。

(4)　[動詞のテ形－い－X] において，「い」が省略できる。

「動詞のテ形」の「動詞」は，自動詞でも他動詞でも構わない。さらに，X には現在時制や過去時制や丁寧表現や否定表現など，どのような要素が入っても構わない。したがって，(4) は汎用性の高い文法規則だといえる。(4) は本章で挙げた以外の例文にも当てはまるが，注意しなければならないことが1つある。それは，(4) は《厳密に》適用されなければならない，ということである。(4) の表記では「動詞のテ形」と「い」は隣接している。だから，「動詞のテ形」と「い」が隣接していない場合には「い」は省略できない。次の例を見てみよう[2]。

(5) a.　花子が笑ってさえいた。
　　　　[笑って (テ形) －**さえ**－い－た (X)]
　　b. *花子が笑ってさえた。
(6) a.　花子が笑ってばかりいた。
　　　　[笑って (テ形) －**ばかり**－い－た (X)]
　　b. *花子が笑ってばかりた。

(5a) の動詞のテ形「笑って」と「い」の間には「さえ」が介在している。つまり，「笑って」と「い」は隣接しておらず，(4) の形を厳密には満たしていない。したがって，(5a) の「い」を省略すると (5b) のように非文法的になる。同様に，(6a) の動詞のテ形「笑って」と「い」の間には「ばかり」が介在している。(6a) も (4) の形を厳密には満たしていないので，「い」を省略すると (6b) のように非文法的になる。

ここで強調しておきたいことが2つある。1つ目は，私達は (4) の規則を家庭でも，学校でも，塾や予備校でも教わったことがない，ということである。2つ目は，そのような教わったことがない規則を日本語母語話者なら誰でもみな (無意識に) 知っているということである。本節では，「い」省略現象を代表例として挙げたが，このことは《日本語文法》と置き換えても当てはまることである。つまり，(7) のようにいうことができる。

(7) a.　日本語文法は，誰からも教わったことがない。
　　b.　日本語文法は，日本語母語話者なら誰の頭の中にも入っている。

このように，私達は日本語文法を意識して学んではいないのに，いつの間に

2　例文の文頭にある「*」は「非文法的である」ことを表している。

か文法が頭の中に入っている。しかもどの日本語母語話者の頭の中にも同じ日本語文法が入っており，日々無意識に使っている。次節では，このような私達が気づかない文法規則について，さらに見ていく。

2.2 「自分」と「本人」

私達は日頃から「自分」や「本人」ということばをよく使っている。「自分」とは誰のことを指し，「本人」とは誰のことを指すのかは，いちいち説明されなくてもわかる。「そんなことは当たり前」と思う人がいるかも知れないが，その理由を説明できる人は（言語学の本などを読んでない限り）いないのではないだろうか。このように，「わかる」けれど説明できないのは，私達の頭の中で文法が無意識に働いているからである。では，どのような文法が私達の頭の中で無意識に働いているのだろうか。これからその文法について説明していく。まず，次の例文を見てみよう。

(8) a.　太郎が花子から自分の財布を受け取った。　（自分＝太郎）
　　b.　太郎が花子から本人の財布を受け取った。　（本人＝花子）
(9) a.　太郎が花子に自分の部屋でプロポーズした。　（自分＝太郎）
　　b.　太郎が花子に本人の部屋でプロポーズした。　（本人＝花子）

まずは，(8) のペアを見てみよう。(8a) にある「自分」は文中に登場している「太郎」と「花子」のうち，「太郎」しか指すことができない。一方，(8b) にある「本人」は「太郎」と「花子」のうち，「花子」しか指すことができない。次に，(9) のペアを見てみよう。(9a) にある「自分」は「太郎」と「花子」のうち，「太郎」しか指すことができない。一方，(9b) にある「本人」は「太郎」と「花子」のうち，「花子」しか指すことができない。このように 2 つの候補がある中で一方しか指せないのは，私達の頭の中に (10) のような文法規則が入っているからである[3]。

(10) a.　「自分」は主語を指さなければならない。

3 「本人」の分析の詳細については，Hatakeyama, Honda & Tanaka (2018) を参照。

b.「本人」は主語を指してはいけない。

もう一度，(8) と (9) の例を見てみよう。まず，(8) では「太郎」が主語で「花子」は主語ではない。そのため，(8a) の「自分」は主語の「太郎」を指し (＝(10a))，(8b) の「本人」は主語ではない「花子」を指す (＝(10b)) ことになる。(8) と同様に (9) でも「太郎」が主語で「花子」は主語ではない。したがって，(9a) の「自分」は主語の「太郎」を指し (＝(10a))，(9b) の「本人」は主語ではない「花子」を指す (＝(10b)) ことになる。

さらに，私達は，頭の中にある (10) の文法規則を使うことで，(11a) の「自分」と (11b) の「本人」が誰を指すのかもわかる。

(11) a.　花子が太郎に自分の部屋でプロポーズされた。(自分＝花子)
(cf. (9a) 太郎が花子に自分の部屋でプロポーズした。
(自分＝太郎))
b.　花子が太郎に本人の部屋でプロポーズされた。(本人＝太郎)
(cf. (9b) 太郎が花子に本人の部屋でプロポーズした。
(本人＝花子))

(11a, b) は (9a, b) をそれぞれ受身文に変えたものであるため，(11) では「花子」が主語になり，「太郎」が主語ではなくなっている。そのため，(11a) の「自分」は，(10a) によって，主語の「花子」を指すことになる。また，(11b) の「本人」は，(10b) によって主語を指すことができないので，主語ではない「太郎」を指すことになる。

このように，(10) の文法規則では《主語かどうか》が重要になる。「英語には主語があるが日本語には主語がない」という主張もあるが，少なくとも「自分」が誰を指し，「本人」が誰を指さないかに関してカギを握っているのは《主語》である。つまり，日本語にも主語が存在し，なおかつその主語が文法上重要な働きを担っている。そして，上の例文におけるみなさんの文法性判断が筆者らと同じだったとすると，(10) の文法規則が気づかないうちに私達の間で共有されていることになる。このことからも，私達の頭の中には自然に母語の文法が入っていることがわかる。言い換えれば，文法がないと母語が使えないのである。

2.3　様態副詞と結果述語

次の例文を見てみよう。

(12) a.　雑に手を洗った。　(様態副詞)
　b.　髪を赤く染めた。　(結果述語)

(12a) の副詞の「雑に」は，「手の洗い方が雑だ」という《様態》の意味を表している副詞なので，《様態副詞》とよばれている。一方，(12b) の述語の「赤く」は，「髪を染めた結果，髪が赤くなった」という《結果》の意味を表している述語なので，《結果述語》とよばれている。なお，便宜上，様態副詞には 1 重の下線が，結果述語には 2 重の下線がそれぞれ引かれている。

これらの様態副詞「雑に」と結果述語「赤く」だが，(13a) のように 1 つの文中で一緒に用いることができる。

(13) a.　雑に髪を赤く染めた。
　　[様態副詞 (雑に) − 結果述語 (赤く)]
　b.　*赤く髪を雑に染めた。
　　*[結果述語 (赤く) − 様態副詞 (雑に)]

ところが，様態副詞と結果述語の語順を (13b) のように変えると，非文法的になってしまう。これはいったいどうしてだろうか。

その理由を考えるために，もう少し関連するデータを増やしてみよう。

(14) a.　雑に 赤く髪を染めた。　[様態副詞−結果述語]
　b.　*赤く 雑に髪を染めた。　*[結果述語−様態副詞]
(15) a.　すばやく花瓶を粉々に壊した。　[様態副詞−結果述語]
　b.　*粉々に花瓶をすばやく壊した。　*[結果述語−様態副詞]
(16) a.　すばやく 粉々に花瓶を壊した。　[様態副詞−結果述語]
　b.　*粉々に すばやく花瓶を壊した。　*[結果述語−様態副詞]

(14) ～ (16) の a の文はすべて様態副詞が結果述語の左側に来ている。この場合はどれも文法的になる。一方，(14) ～ (16) の b の文はすべて結果述語が様態副詞の左側に来ている。この場合はどれも非文法的になる。これらのことから，私達の脳内には，一見すると，(17) のような文法規則が入っていると考えられる。

(17)　様態副詞は結果述語の右側に現れてはいけない。

しかし，(17) の文法規則では次のような例が説明できない。

(18) a.　髪を赤く 雑に染めた。　　　　　[結果述語－様態副詞] (cf. (14b))
　　 b.　花瓶を粉々に すばやく壊した。[結果述語－様態副詞] (cf. (15b))

(18a) と (18b) では，結果述語 (「赤く」「粉々に」) が様態副詞 (「雑に」「すばやく」) の左側に来ているため，(17) の文法規則を破っているにもかかわらず文法的である。(18a) や (18b) のような例は，語順のような線形順序に基づいた規則 (= (17)) では不十分であることを示唆している。実は，上に挙げたすべてのデータを説明するためには，立体的な統語構造に基づいた規則が必要となる。つまり，線形順序のような「前後関係」ではなく，階層的な「上下関係」で捉える必要がある。

まず，立体的な統語構造について見ていこう。様態副詞と結果述語は(19)のように異なる階層にあると考えられている。

(19)

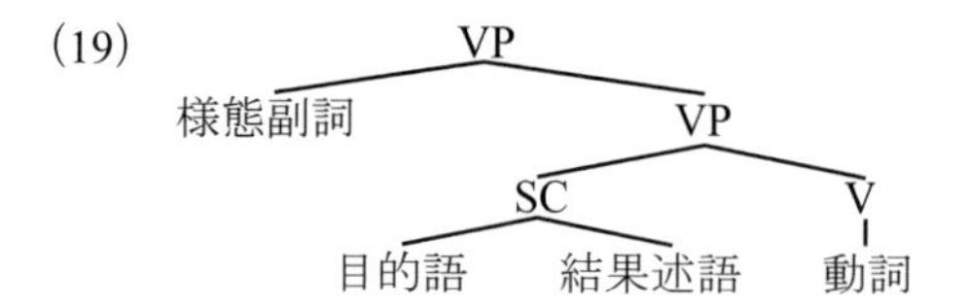

日本語は比較的自由に単語を並べ替えることができる言語なので，様態副詞も結果述語も並べ替えることができる。ただし，並べ替えることによって，様態副詞と結果述語の階層構造上の関係も変わってきてしまう。統語論で

は，階層構造上の関係を表す際に《構成素統御（c 統御）》という用語を使う。簡単にいうと「c 統御するものは階層的に上にある」ことになる。では，どういうときに「c 統御する」ことになるのかを（19）の統語構造を使って見ていく。まず，（19）の様態副詞の上にある線をたどっていくと最初に VP（動詞句）という統語範疇がある。その VP を今度は逆に下に降りていくともう 1 つの VP を通り抜け，SC（Small Clause 小節）にたどりつく。その SC の下に結果述語がある。このような場合，「様態副詞が結果述語を c 統御する」という。つまり，ある要素はその 1 つ上にある範疇から下ったところにある要素を c 統御することになる。一方，（19）の結果述語の場合は，結果述語の上にある線をたどっていくと最初に SC がある。その SC を今度は逆に下に降りていっても様態副詞はない。このような場合，「結果述語は様態副詞を c 統御しない」という。

ここで，（13a, b）と（14a, b）と（18a）の統語構造を見ていこう。上述したように（19）が基本語順であり，そこから並び替えが起きていろいろな語順になる。以下の構造では並び替えが起きたことを矢印で示している。

（13'）　a.　基本語順（cf.（19））

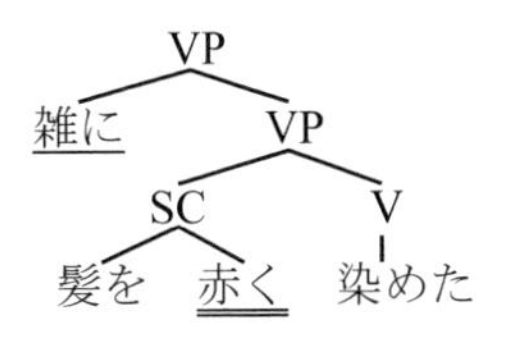

b.　目的語と結果述語の前置

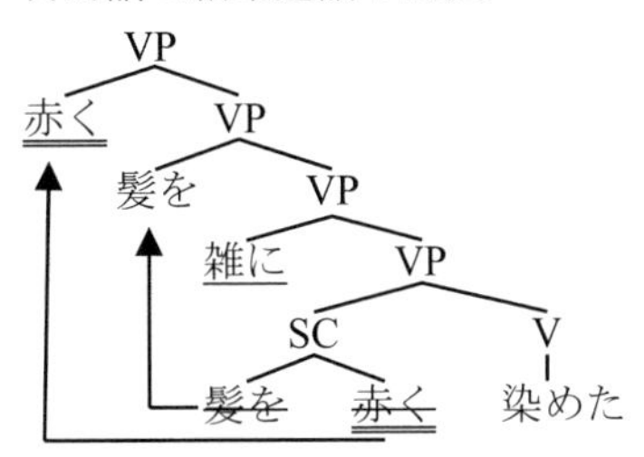

（14'）　a.　結果述語の前置

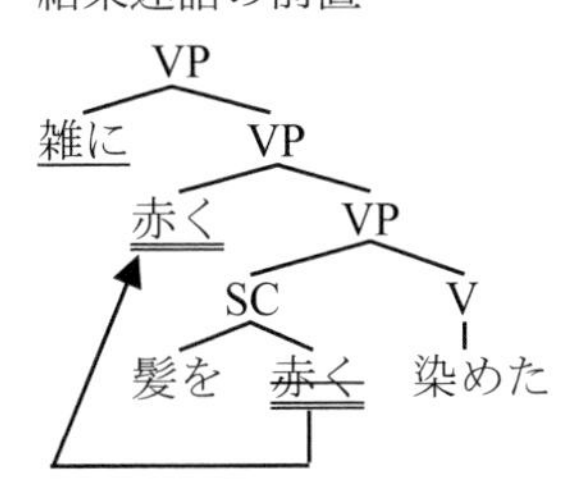

b.　結果述語の前置

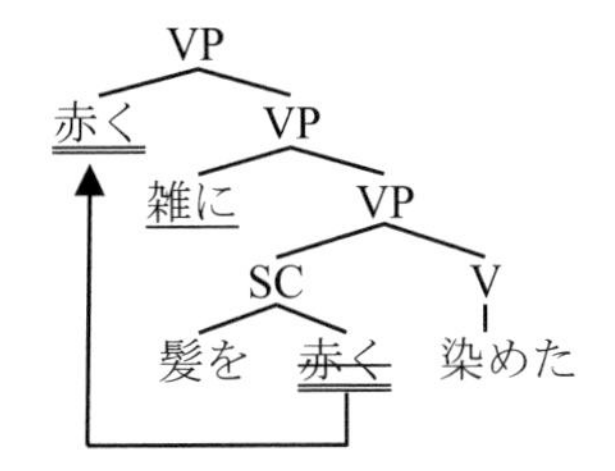

（18'）　a ［目的語＋結果述語］の前置

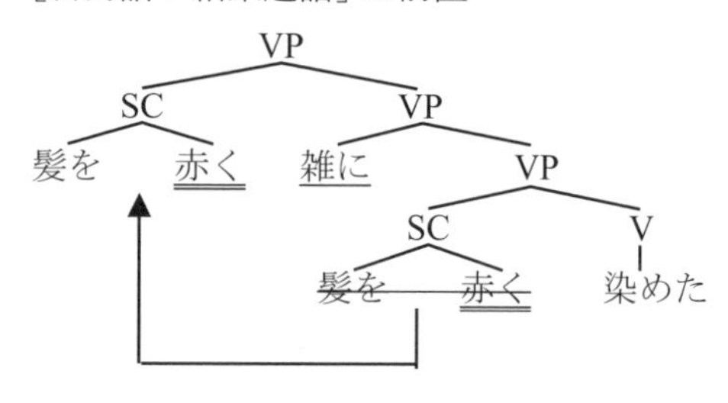

ここで，上の統語構造において，様態副詞（雑に）と結果述語（赤く）の階層構造上の関係（c統御するかしないか）を確認した上で，どのような状況の場合に文法的あるいは非文法的になるかを見ていく。

まず，（13a）の統語構造である（13'a）を見てみよう。様態副詞（雑に）の上にある線をたどっていくと最初にVPがある。そのVPから下に降りていくともう1つのVPを通り抜け，SCにたどりつく。そのSCの下に結果述語（赤く）があるため，様態副詞は結果述語をc統御する。一方，結果述語（赤く）の上にある線をたどっていくと最初にSCがある。そのSCから下に降りていっても様態副詞（雑に）はない。したがって，結果述語は様態副詞をc統御していない。このように，様態副詞が結果述語をc統御し，結果述語が様態副詞をc統御しない（＝様態副詞が結果述語より構造的に上にある）場合には文法的になる。次に，（13b）の統語構造である（13'b）を見てみよう。結果述語（赤く）のすぐ上にあるVPから下に降りていくと様態副詞（雑に）がある。したがって，結果述語が様態副詞をc統御する。一方，様態副詞（雑に）のすぐ上にあるVPから下に降りていっても結果述語はない。したがって，様態副詞は結果述語をc統御しない。このように，結果述語が様態副詞をc統御し，様態副詞が結果述語をc統御しない（＝結果述語が様態副詞より構造的に上にある）場合には非文法的になる。

今度は（14a）の統語構造である（14'a）を見てみよう。様態副詞（雑に）のすぐ上にあるVPから下に降りていくと結果述語（赤く）があるので，様態副詞は結果述語をc統御する。一方，結果述語のすぐ上にあるVPから下に降りていっても様態副詞はないので，結果述語が様態副詞をc統御しない。このように，様態副詞が結果述語をc統御し，結果述語が様態副詞をc統御しない（＝様態副詞が結果述語より構造的に上にある）場合には文法的になる。次に，（14b）の統語構造である（14'b）を見てみよう。結果述語のすぐ上にあるVPから下に降りていくと様態副詞があるので，結果述語が様態副詞をc統御する。一方，様態副詞のすぐ上にあるVPから下に降りていっても結果述語はないので，様態副詞は結果述語をc統御しない。このように，結果述語が様態副詞をc統御し，様態副詞が結果述語をc統御しない（＝結果述語が様態副詞より構造的に上にある）場合には非文法的になる。

最後に，（18a）の統語構造である（18'a）を見てみよう。結果述語（赤く）のすぐ上にはSCという統語範疇がある。SCから下は「髪を」しかなく，様態副詞（雑に）はない。したがって，結果述語は様態副詞をc統御しない。一方，様態副詞のすぐ上にあるVPから下に降りていっても結果述語はない。したがって，様態副詞もまた結果述語をc統御しない。このように，結果述語が様態副詞をc統御せず，様態副詞もまた結果述語をc統御しない場合にも文法的になる。この場合も，様態副詞が結果述語より構造的に下にはないということが重要である。

ここまでの結果を表にまとめると表１のようになる。

表１　様態副詞と結果述語の構造的高さ関係と文法性

様態副詞が結果述語をc統御する	結果述語が様態副詞をc統御する	文法性	例
○	×	✓	（13'a）（14'a）
×	○	*	（13'b）（14'b）
×	×	✓	（18'a）

表１の「✓」は「文法的である」ことを表し，「*」は「非文法的である」ことを表している。表１の結果で注目すべきなのは，結果述語が様態副詞をc統御する（結果述語が様態副詞の上に来ている）場合にのみ非文法的になっているということである。このことから，日本語には（20）のような文法規則があることがわかる[4]。

4　（20）の規則についての詳細は，畠山・本田・田中（2021）を参照。

(20) 様態副詞は結果述語によってc統御されてはならない。

このように，私達の脳内には，立体的な統語構造に基づいた文法規則が入っていると考えられる。そして，(20) のような階層構造に基づいた文法規則は，当然のことながら，学校や家庭では決して習わない。しかし，上で見たデータの文法性と読者のみなさんの判断する文法性が一致するなら，筆者らもみなさんも (20) のような文法規則を頭の中に共有していることになる。

2.4 第2節のまとめ

この節では，日本人の頭の中には自覚がなくても文法があることを見てきた。「い」省略現象では，語の並び方によって「い」が省略できたりできなかったりする文法規則があることを見た。また，「自分」と「本人」の話では，《主語》か《主語以外》かによって，「自分」や「本人」の指す人が変わってくることから，英語のネイティブだけでなく日本人にとっても，《主語》というのがとても大切な概念であることを指摘した。また，様態副詞と結果述語が共起する条件は，線形順序的な規則ではなく，階層構造といういわば「立体的な構造」に基づいていることがわかった。そして，これらすべての文法規則が学習することなく自然に私達の頭の中に入っていることを指摘した。次の節では，私達の頭の中に入っている文法は，時代とともに変化をしていくことを見ていく。

3. 変化する文法

これまでの話から，私達の頭の中には知らないうちにたくさんの文法が入っていることがわかった。その文法は人工的に作られた法律のような規則ではなく，自然に生まれた規則である。自然に生まれたものだからこそ，文法は歴史の経過とともに姿かたちを少しずつ変えていく。この節では，文法が時代とともに変化していく様子を見ていくことにする。

3.1 こそあど言葉

よく知られているように，日本語には「これ」「それ」「あれ」「どれ」のような，「こ」「そ」「あ」「ど」から始まる言葉，いわゆる「こそあど言葉」

がある。たとえば，「これ」は話し手の近くにある物を指し，「それ」は話し手から少し離れたところにある物を指し，「あれ」は話し手から遠いところにある物を指す。そして，「どれ」は物の選択に関する疑問を表している。「こ」「そ」「あ」「ど」は，今挙げた例だけにとどまらず，他にも多くの例で使われている。表 2 を見てみよう[5]。

表 2　こそあど言葉

	れ [物]	こ [場所]	の [指定]	んな [属性]	ちら [方向]
こ [近称]	これ	ここ	この	こんな	こちら
そ [中称]	それ	そこ	その	そんな	そちら
あ [遠称]	あれ	あそこ	あの	あんな	あちら
ど [疑問]	どれ	どこ	どの	どんな	どちら

表 2 は，たとえば [近称] を表す「こ」と [物] を表す「れ」が 1 つになると「これ」になり，[中称] を表す「そ」と [場所] を表す「こ」が 1 つになると「そこ」になることなどが示されている。私達がふだん何気なく使っている「こそあど言葉」だが，表 2 のような実に美しいパラダイムをなしている。表 2 は人工的に規則として作られたものではない。自然と生まれ，いつのまにか私達の頭の中に入ってきたものである。そしてこの美しいパラダイムは日本人なら誰でも（無意識に）知っている。

この現代日本語の「こ」「そ」「あ」であるが，それぞれ [近称] [中称] [遠称] を表し，指示詞の中で役割を分担している。しかし，昔から今のような役割分担だったわけではない。過去から現在にかけて文法の変遷を経て現在のような「こ」「そ」「あ」の役割分担（＝文法体系）に至っている。以下では，その文法体系の変遷を紹介していく。

3.1.1　《近》と《遠》の対立

まず最初に，「こ」と「あ」について考えてみよう。現代日本語だけを見

5　「こそあど言葉」と英語との関係については，畠山他（2016）の第 5 章を参照。

ている限り，「「こ」が近称を表し，「あ」が遠称を表している」という分析以上に細かな分析は思い浮かばない。しかし，日本語の指示詞の歴史的変遷を考慮に入れると，他の分析の可能性が見えてくる。

上代から平安時代にかけて指示詞の中に「こ」と「か」があった[6]。「こ」は話し手の近くにあるもの（＝《近》）を指すのに対して，「か」は話し手から遠くにあるもの（＝《遠》）を指した。このように，古典語において，《近》の「こ」と《遠》の「か」には対立があった。「こ」をローマ字で表記すれば [ko] となり，一方「か」をローマ字で表記すれば [ka] となる。「こ」と「か」は [k] を共通にもち，違いは [o] と [a] だけなので，[o] が《近》を表し [a] が《遠》を表していることがわかる。

ここまでをまとめると，(21) のようにいえる。

(21)　[o] が《近》を，[a] が《遠》を表す。

(21) は，《近》を表しているのは「こ」全体ではなく，「こ (= [ko])」のうちの [o] の部分だけであり，《遠》を表しているのは「か」全体ではなく，[a] の部分だけであることを示している。(21) は，古典語における《近》と《遠》の対立だが，この対立が現代日本語の「こ」と「あ」の対立にも継承され，o を含む「こ (= [ko])」が《近》を，「あ (= [a])」が《遠》を表している。したがって，日本語の《近》と《遠》のより本質的な対立は，日本語の歴史を通して (21) のような [o] と [a] の対立ということになる。

3.1.2　《話し手》と《聞き手》の対立

前節では「こ (= [ko])」で《近》を表しているのは [o] の部分だけであることを見た。では，「こ (= [ko])」の [k] は一体何を表しているのだろうか。ここで，指示詞の「こ」と「そ」を比べてみよう。指示詞に関して，佐久間 (1992, pp. 22–23) は (22) のように述べている。

(22)　「これ」という場合の物や事は，發言者・話手の自分の手のとどく範

6　この点についての詳細は，金水・岡崎・曺 (2002, p. 228) を参照。

囲，いわばその勢力圏内にあるものなのです。また，「それ」は，話し相手の手のとどく範囲，自由に取れる区域内のものをさすのです。こうした勢力圏外にあるものが，すべて「あれ」に属します。

(22) によると，「こ」(＝「これ」) は《發言者・話手の自分の手のとどく範囲》であるのに対して，「そ」(＝「それ」) は《話し相手の手のとどく範囲》である。「こ」と「そ」はどちらも《手のとどく範囲》が共通していて，それぞれ《發言者・話手》(すなわち《話し手》) か，《話し相手》(すなわち《聞き手》) かだけが異なっている。

これらのことを踏まえて，「こ」と「そ」のローマ字表記，それぞれ [ko] と [so] を見てみよう。両者が共通にもつ [o] は前節で確認したように《近》すなわち《手のとどく範囲》を表している。[ko] が《話し手》を表し，[so] が《聞き手》を表すことから，[k] が《話し手》を表し，[s] が《聞き手》を表すことがわかる。

ここまでをまとめると，(23) のようにいえる。

(23)　[k] が《話し手》を，[s] が《聞き手》を表す。

したがって，本節の冒頭の問い (「こ (= [ko])」の [k] とは一体何を表しているのか) に対する答えは，「《話し手》を表す」ということになる。

3.1.3 「こ」「そ」「あ」の体系

これまで，[o] と [a] に《近》と《遠》の対立があり (= (21))，[k] と [s] に《話し手》と《聞き手》の対立があること (= (23)) を見てきた。この２種類の対立から，表３のような文法体系が浮かび上がってくる。

表３　古典語の指示詞の体系

	遠近 (proximity)	
	近 (proximal) [o]	遠 (distal) [a]
話し手：[k]	「こ」[k-o]	「か」[k-a]
聞き手：[s]	「そ」[s-o]	「さ」[s-a]

表3において，《話し手》から《近》い場所を示す場合には「こ」が，《話し手》から《遠》い場所を示す場合には「か」が，《聞き手》から《近》い場所を示す場合には「そ」が，《聞き手》から《遠》い場所を示す場合には「さ」がそれぞれ使われることが示されている[7]。表3のような理論的ともいえるような美しい体系が古典語にはあった。

しかし，時が経つとこの体系が変化し，遠近の《遠》において《話し手》と《聞き手》を区別する形態素（[k] と [s]）が現れなくなった。このため，[ka] と [sa] は形態論的区別がなされなくなり，[a] に統一された。この結果，現在の「こ」「そ」「あ」の体系（= 表4）が出来上がった。

表4　現代語の指示詞の体系

	遠近 (proximity)	
	近 (proximal) [o]	遠 (distal) [a]
話し手 : [k]	「こ」[k-o]	「あ」[a]
聞き手 : [s]	「そ」[s-o]	

前節の (22) の中で，佐久間が「こうした勢力圏外にあるものが，すべて「あれ」に属します」と述べているが，表4で示されている「あ」は，まさにこの佐久間の記述と合っている。というのも，「あ」は《話し手》と《聞き手》によらず《遠》い場所を示すからである。

現代語の「こ」「そ」「あ」は歴史的な変化の結果得られたものだが，文法の変化が今まさに進行中であると思われる例を次節でとりあげる。

3.2 「ら」抜き言葉

2.1節では「ている」の「い」が省略される現象について見てきたが，この節では「られる」の「ら」があたかも抜け落ちているかのように見える，「「ら」抜き言葉」を取り上げる。次の例文を見てみよう[8]。

7　一般的に，「さ」は古代語（中古）では指示副詞として分類されている。

8　いわゆる「「ら」抜き言葉」についての詳細は，畠山（編）(2017) の第9章を参照。

(24) a.　優介は納豆が食べられた。　　　　　[可能]
　　b.　優介は納豆が食べれた。
(25) a.　プランクトンは魚に食べられた。　　[受身]
　　b. *プランクトンは魚に食べれた。
(26) a.　先生は朝食を食べられた。　　　　　[尊敬]
　　b. *先生は朝食を食べれた。

(24a) の「食べられた」は，「食べることができた」のように言い替えられる。このことからもわかるように，(24a) の「られた (られる)」は，《可能》の意味をもっている。このような《可能》の「られる」の代わりに (24b) のような「れた (れる)」の形がよく使われる。本来「られる」を用いるべきところに「れる」が用いられていることから，「れる」のような形は一般に「「ら」抜き言葉」とよばれている。「ら」抜きは無制限に行われているわけではなく，(25a) のような《受身》の意味を表す「られる」を「れる」にすることは，(25b) のように許されない。また，(26a) のような《尊敬》の意味を表す「られる」を「れる」にすることも (26b) のように許されない。以上のことからわかるのは，「ら」抜きが行われているのは，《可能》の意味をもつ「られる」だけである。では，私達は「られる」が《可能》かそれ以外の意味かによって「ら」抜きをするかしないかを決めているのだろうか。以下では，そもそも「ら」抜きなど行われておらず，したがって，「「ら」抜き言葉」という現象は存在していない可能性を示す。

　これから，いわゆる「「ら」抜き言葉」について，私達の頭の中ではどのようなことが起きているのかを見ていく。まず，私達の頭の中では次のように動詞を音の情報に基づいて２つのグループに分けている。1 つは母音動詞というグループで，もう 1 つは子音動詞というグループである。

(27) a.　**tabe**-nai,　**tabe**-masu,　**tabe**-ru,　**tabe**-reba,　**tabe**-ro
　　b.　**yom**-anai,　**yom**-imasu,　**yom**-u,　**yom**-eba,　**yom**-e

(27a) は「食べる」の活用形をローマ字で表したものである。変化しない部分 (tabe) が太字で示されているが，それが動詞「食べる」の《語幹》になる。

tabeのように語幹が母音で終わる動詞は《母音動詞》とよばれている。(27b)は「読む」の活用形をローマ字で表したものである。変化しない部分 (yom) が太字で示されているが，それが動詞「読む」の《語幹》になる。yomのように語幹が子音で終わる動詞は《子音動詞》とよばれている。

次に，日本語には《可能》を表す形態素にrareとreの2種類がある。これらの形態素と2種類の動詞の間には表5のような共存関係がある。

表5　《可能》を表す形態素の棲み分け

母音動詞 (tabe)	子音動詞 (yom)
rare	re

表5で示されているように，母音動詞と一緒に用いられる《可能》の形態素はrareであり (tabe-rare)，一方子音動詞と一緒に用いられる《可能》の形態素はreである (yom-(r)e) [9]。表5の共存関係もまた，私達の頭の中に無意識に入っている文法の1つである。そして，現在も表5のままの文法をもっている人は少なくない。

この表5から「「ら」抜き言葉」を捉え直した場合，表6のようにreの領域が現在拡大してrareの領域まで入ってくるようになっていると考えることができる。

表6　「「ら」抜き言葉」における《可能》を表す形態素の棲み分け

母音動詞 (tabe)	子音動詞 (yom)
rare	re（網掛け部分が母音動詞の領域まで拡大）

具体的にいうと，「食べ＋**られる**」ではなく「食べ＋**れる**」が使われ始めていると考えられる。こう考えると，いわゆる「「ら」抜き言葉」というものはないことになる。そして，そのような文法の変化は自然に起こり，誰かに教わることなく共有されていく。

9　日本語は一般に子音の連続が禁じられている言語である。yom+reでは子音が連続するので，rが削除されその結果yome「読め (る)」となる。

3.3　第3節のまとめ

現代の文法体系になる前にそれとは異なる文法体系があったことを「こそあど言葉」の例で確認した。文法体系が変わる前も変わった後も，それらの文法体系は私達人間の頭の中にある。そして「ら」抜き言葉の例では，文法体系の変化が今もなお進行中であることを示した。文法はあたかも生き物のように私達の頭の中で息づき，変化し続けているのである。

4.　おわりに

本章では，私達の頭の中にはすでに日本語の文法がたくさん入っていることを身近な例を使って示してきた。今まで意識することのなかった日本語の文法を敢えて意識したことによって，文法の重要性を再認識してもらえたのではないだろうか。それと同時に，無意識に頭の中にできあがり共有され，ときには変化する文法の不思議さも知ってもらえたと思っている。

【外国語教育に関わる人が知っておくべきポイント】

- 文法は母語話者の頭の中に自然に入っているものである。
- 英語学習においては，母語話者が無意識に使っている文法を明示的に学習する必要がある。
- 英語母語話者が共有している文法を英語学習者も共有しないと，英語でのコミュニケーションは成り立たない。つまり，文法を学習することは，ある意味，ネイティブの頭の中と学習者の頭の中を「チューニング」するようなものである。

【執筆者から読者へのメッセージ】

自然言語の文法体系は実に美しいものだと感じる。私達の脳内にある《美しい文法》を実感して母語の文法に興味をもつことができたら，その興味は必ず外国語学習への強い動機づけにもなるでしょう。

参照文献

金水敏・岡崎友子・曺美庚（2002）．「指示詞の歴史的・対照言語学的研究―日本語・韓国語・トルコ語―」生越直樹．（編）『シリーズ言語科学4　対照言語学』

(pp. 217–247). 東京大学出版会.
佐久間鼎 (1992).『現代日本語の表現と語法』くろしお出版.
白畑知彦 (2015).『英語指導における効果的な誤り訂正―第二言語習得研究の見地から―』大修館書店.
畠山雄二 (編) (2017).『最新理論言語学用語事典』朝倉書店.
畠山雄二・平田一郎・寺田寛・岸本秀樹・本田謙介・田中江扶・今仁生美 (2016).『徹底比較 日本語文法と英文法』くろしお出版.
畠山雄二・本田謙介・田中江扶 (2015).『日英比較構文研究』開拓社.
Hatakeyama, Y., Honda, K., & Tanaka, K. (2018). Japanese pronoun *hon-nin*. *Journal of Japanese Linguistics, 34*(1), 47–63. https://doi.org/10.1515/jjl-2018-0004
畠山雄二・本田謙介・田中江扶 (2021).「日本語の様態副詞と結果述語の統語論」『言語研究』*160*, 263–272. doi: 10.11435/gengo.160.0_263

2

多義語の意味構造と第二言語習得

—言語知識の創発的特性を視野に入れて—

松村昌紀

1. はじめに

1つの語がしばしば複数の意味を持つことを，私たちは国語や外国語辞書の記述を通してよく理解している。しかし注意深く検討してみると，そこには意味の関連性に関する興味深い事実とともに検討を要する種々の問題が存在することが明らかになってくる。語の多義性(lexical polysemy)[1]とは1つの語が互いに関連のある複数の意味（語義）を持つこと[2]であり，一般的に基本的な語であるほどその数は多い。本章ではまず語の多義性について，主に認知意味論分野の研究を参照して基本的な事項を述べる。その後，このトピックが第二言語習得との関連でどのように議論されてきたかを概観したうえで，多義性の概念や研究方法をめぐるいくつかの問題を指摘する。最後に，言語知識の相互関連性と創発性的な性格を念頭に置きながら，今後の研究の方向性を検討する。

2. 語義の識別と認定

辞書では語義が確立された方法にしたがって分類され，系統的に記述されていると思われがちであるが，多義語の持つ意味の全体をどのように切り分

---

1 多義性は文の構造についても議論されている（Glynn & Robinson, 2014 所収のいくつかの論文など）が，本章で扱うのは語の多義性である。

2 複数の意味を持つ語には，多義語のほか相互に関連のない複数の意味を持つ同音異義語(homonyms)と，具体的な指示対象がその語の意味から一意的に特定不可能な不明瞭語のケースがある（例えば「学校」という語からはその校種—小学校か高等学校かなど—を特定できない)。

け，いくつの語義を設定するかは，まさにそれらが相互に関連しているがゆえに簡単なことではない。研究者の中には語義の共通要素を集約し，その数をできる限り少なくしたいと考える併合派（lumpers）と，語義を細かく切り出し，網羅的に記述することを目指す分離派（splitters）が存在する[3]。併合派の研究者はすべての語義は基本的に根幹的な 1 つの意味からの派生であると考え，異なる語義は文脈および百科事典的な知識（encyclopedic knowledge）を用いた推定によって得られるものであると主張する[4]。語義の確定のために文脈の手がかりが必須であることは，例えば次の例から理解できる[5]。すなわち，John took some candies という文における具体的な行為の内容は，それに続く and then got a stomachache という情報からはじめて「食べる」ことであると判断され，後続するのが and then got arrested であれば「盗む」と理解されることになる[6]。その一方で，分離派の研究者は可能なかぎり詳細に語義を記述しようとする[7]。網羅的に語義を設定することの必要性は，全語義に共通する抽象的な意味の「核」（あるいは包括的なスキーマ）からは個々の語義を過不足なく導けないこと（予測力の欠如）などを根拠として主張されている[8]。

実際には，語義記述の精緻化の程度は，研究計画や実用上の目的に即して考えられるべき問題だろう。包括的な語義記述は言語学研究の営みとしての学術的価値を持つだけでなく，応用分野の研究において仮説形成やデータ解釈を行う際の参照枠となり得る。しかし，言語処理において多義語（場合によっては 1 文に数語の）に出会うたび，それらのすべての語義が心内に展開

3　併合派の代表は多義性の概念そのものを否定し，単義性（monosemy）を主張する Ruhl（1989）である。多義語のすべての語義には共通するコア（lexical core）があるとする田中（1990 など）もこの立場に近いと考えられる。

4　Evans（2005）など。Cruse（1995）による「ファセット」（facet）の考え方もまた語義の文脈依存性に関わる。

5　田中（1987）による例。

6　語の意味が共起している文要素や談話の文脈に応じて臨機応変に理解されていることは心理言語学的な実験によっても確かめられている（Gibbs & Matlock, 1997）。

7　英語の前置詞 over の用法を細かく区分した Lakoff（1987）などが分離派に属すと見なされている。日本国内では，日本語学習者向けの辞書の編纂を主な目的する多くの研究者が同様に詳細な語義記述を指向している（例えば森山, 2015, パルデシ他, 2019 など）。

8　籾山（2021）の第 1 章を参照。

された後で1つが選択されていると考えるのは現実的ではなく，心理言語学的な観点からはより倹約的なモデルが求められることになる[9]。

語の特定の意味を独立した語義として認定すべきかどうか，そしてそれらの語義の中で最も典型的と見なされるプロトタイプ的意味[10]がどれであるのかについては，判定のためのさまざまな手続きが考えられている。前者の目的のためには共起語や反意語の異同，同一文中でandなどを用いて接続したときに自然な解釈が可能かといった基準を用いることが，後者のためには使用上の制限の多寡を基準にすることなどが一般的である[11]。

3.　語義間の関係性

3.1　放射状ネットワーク

多義語とはその定義上語義の間に何らかの関係性が認められる語であり，さまざまな語義は前節で述べたプロトタイプ的な語義からの動機づけられた連鎖的な派生によって得られる。関与すると考えられているのは次の3つの認知プロセスである[12]。

メタファー（metaphor［暗喩］） 類似性にもとづいて，事物や概念を異なるドメインに属する別の事物，概念を用いて表すこと

メトニミー（metonymy［換喩］） 事物の近接性や関連性にもとづいて，ある事物を別の表現で表すこと

シネクドキ（synecdoche［提喩］） 上位語によって下位語の意味を，あるいは下位語によって上位の概念を表現すること

メタファーとシネクドキにもとづく語義派生のメカニズムはRonald

9　Gibbs & Matlock（1997）

10　本章では「プロトタイプ的意味」という用語を，籾山（2021）の「最も基本的な意味であると直観的に感じられる意味」（p. 69）との定義にしたがって用いている。すぐ後で述べるとおり，それぞれの語義はそれを起点として連鎖的に派生し，ネットワークを形成する。

11　詳しくは松本（2010），籾山（2021）などを，さらに関連する基本的文献としてGeeraerts（1993）およびTuggy（1993）も参照のこと。

12　瀬戸（2007a, 2007b）などを参照。

Langackerが提案するネットワーク・モデルとの関連で理解することができる[13]。このモデルの要点は何らかの共通性にもとづく意味の拡張とそれらを包摂する抽象的で理想化された上位スキーマの抽出であり，前者がメタファー，後者はシネクドキによる意味拡張に関係している。メトニミーによる意味拡張の理論的根拠とされているのはCharles Fillmoreによるフレーム意味論（frame semantics）である[14]。ここで言うフレームとは私たちが事物・事象の理解のために用いる背景構造のことであり，経験を通して構築された世界に関する知識である。例えば，Mr. Jones is not in the phone bookにおけるMr. Jonesが人物そのものではなくその名前であると理解できるのは，電話帳とはどのようなものかに関する私たちの知識に支えられてのことである。多義語の語義体系は上述の認知プロセスに動機づけられて派生した語義がその典型性の度合いを減じながら周辺へと拡張していく放射状のネットワークとして理解され，ネットワーク・モデルとフレームの概念を組み合わせた多義語表象の統合的な記述が試みられている[15]。

4.　多義語研究の進展

「数量的転回」（the quantitative turn）を経たとされる[16]認知言語学分野の研究では，研究者自身の言語的直観（内観）による伝統的な分析の利点は保持しつつ，言語使用に関する客観的なデータをもとに研究を進めていくことが求められるようになった。特に近年の研究を特徴づけているのが大規模コーパスの活用と心理実験手法の導入である[17]。実際の言語使用こそが言語能力の基盤であり，言語発達や言語変化の駆動力でもあるとする用法基盤（usage-based）主義に拠れば，私たちの言語能力の核心を用例の集積として

13　Langacker（1988など）

14　Fillmore（1982など）

15　籾山（2019, 2021）はそうした枠組みを「統合モデル」と呼び，日本語の動詞「きく」や形容詞「かたい」の語義ネットワークを視覚的に提示している。早瀬（2017）でも英語のairやeyeを対象とした同様の分析がなされている。

16　Janda（2021）は，学術誌*Cognitive Linguistics*に1990年から2017年までに掲載された論文を調査した結果，数量的な分析を含む論文がその年の掲載論文の半数を超えたのが2008年だったことから，この年を認知言語学研究の転換点としている。

17　それぞれの詳細は辻・中本・李（2011）などに述べられている。

のコーパスの中に求めるのは自然なことであり，必然でもある。心理実験手法に関しては，実際の言語使用の証拠となる客観的なデータにもとづいて議論することで，判断の揺れや個人差など従来の研究者自身の内観に頼る研究につきまとってきた主観性の問題の克服が期待される。この節では，多義語の研究においてそれぞれのアプローチがどのように用いられてきたのかを見ていくことにする。

4.1　コーパスの利用

コーパスを利用した多義語研究の中には，コーパスの豊かな用例を参照して，あらかじめ考えられていた語の意味構造のモデルを補完し，その完成度を高めようとしたものがある[18]。それらの多くはコーパスを，あくまで語の意味構造を網羅的に，より高い精度で記述するための情報源として用いたものであるが，コーパスをさらに革新的な方法で活用した研究もある。それらの 1 つが Stefan Th. Gries によって行われたもの[19]で，コーパスから採られた英語の動詞 run の 815 の用例が分析対象とされた。それぞれは「足を使った速い移動」(fast pedestrian motion) や「逃避」(escape)，「機能」(function) など一般的な辞書の記述に即した 48 の意味領域（辞書的意味）に対応づけられ，さらにひとつひとつの用例が形態・統語および意味的な特性に関してタグ付けされている[20]。タグ付与におけるパラメーターは動詞の形態や時制，相，態，他動性，含まれる文の形態（平叙，疑問，命令の別）や当該節のステータス（主節，従属節の別など），その主語や目的語の意味的特性（有生性や抽象性，生物，事象，組織の別など），その他の多岐にわたっている。研究の目的は run の辞書的語義がそれらの分布上の特性によってどのようなまとまりを形成することになるかを明らかにすることだった[21]。分析により，用法上の特性から辞書的な意味のまとまりをある程度予測可能であることが

18　それらの 1 つである森山 (2017) では，コーパス上の豊富な用例によって発見された日本語の動詞「きる」の新たな語義を追加することで，自身の先行研究（森山, 2015）におけるモデルの大幅な改訂に至っている。

19　Gries (2006)

20　Gries (2006) はそれらを語の「ID タグ」(the ID tags) と呼んでいる。

21　分析には階層的クラスター分析の手法が用いられた。

示され，両者の間には一定の関連性が存在するとする仮説が裏付けられている[22]。

上記研究の追証を目的の1つとしてDylan Glynnが行った研究[23]では，runの500用例における分布上の特性が，別途設定された23の辞書的意味をどのように階層化し得るかが問題にされている。Griesと同様の分析の結果，物理的な動きを表すrunの意味とそこから派生されたと考えられる抽象的な意味が2つの包括的なクラスターとして検出され，前者の内部ではさらに比喩的な意味が1つのまとまりを形成していた。しかし，それ以外の側面で合理性を感じられるまとまりは見出されなかった[24]。同研究ではさらにイギリス英語とアメリカ英語，会話とブログ記事の間でrunの用いられ方に見られる差異が問題にされており[25]，「選挙に出馬する」意味のrunの用法がアメリカ英語に特有のものであることや，最も高頻度で現れる「足を使った速い移動」と「運用」(manage) の用法がともに使用文脈に依存しないものであることなどが報告されている。

コーパスの利用は多義性の研究に客観性をもたらし，その存在なしには捉えることの難しい言語使用に関する事実を明らかにしてくれる。しかし，コーパス・データが教えてくれるのは使用の頻度と分布に関する事実だけであり，意味に関する事項については別途分析や評価が必要になる。上記の2つの研究で検討されていたのもつまるところ，あらかじめ用意された辞書的な意味 (語義) が分布上の特性によってどのようにまとまるかということであり，コーパスにおける分布を分析することで語の意味を抽出できるわけではない。どちらの研究でも，分布上の特性から導かれた語義のまとまりが妥当なものであるかどうかの評価は，やはり研究者自身の意味に関する直観に照らして行われており，(少なくとも現時点では) 語義の構造化をコーパスに委ね，用法上のパターンから抽出された意味のまとまりをそのまま当該語

22 ただし，分析対象となった用例の数はこの種の分析のためには不十分で，Gries自身もこの結果が暫定的なものでしかないことを強調している。

23 Glynn (2014)

24 結果の信頼性を損なう要素として，クラスター分析におけるクラスター間距離の求め方を群平均法からウォード法に変更することで著しく異なる結果が導かれたことも指摘されている。

25 多重対応分析による。

の語義構造と見なすことができているわけではない[26]。言語の学習と発達に関しても，コーパスから直接的に学習者や使用者の心的表示に関する情報が得られるわけではなく，それらを明らかにするためには，実証的な研究や学習のモデル化（シミュレーション）が必要とされることになる[27]。

4.2　心理実験手法の導入

日本における多義語研究への心理実験手法の導入に関して特筆すべきなのは，森山新とその研究グループの功績である。2015 年に発表された森山の研究[28]は，日本語の基本動詞の 1 つである「きる」の意味構造分析にあたり，従来の内観による考察を日本語の一般的な（すなわち言語研究者ではない）母語話者を対象に行った実験の結果によって補強し，その妥当性を高めようとしたものである。参加者は項目間の関連性を明らかにするためのカード分類法による実験で，「きる」の用例が 1 枚につき 1 つずつ書かれた 28 枚のカードを渡されたうえで，意味が類似しているものどうしをまとめて自由にグループを作るよう求められた。結果は統計的に処理され，森山は検出された語義のまとまりを参照してみずからの内観にもとづく分析[29]を補正している。同年に発表された大西はんなによる研究[30]は日本語の動詞「みる」を対象にした同様の研究であるが，その実験では「みる」の 29 用例のうち最も基本的であると思われる語義を参加者に選ばせることで，日本語話者によって実際にプロトタイプ的意味と認識されているものが内観にもとづいて想定されていた語義と同じであることが確かめられている。

上述の研究では内観が語の意味構造分析の主要な方法論として維持され，実験結果のどの部分を，どのように内観的分析の結果に組み込むかはそれぞれの研究者の裁量に委ねられている。さらに大胆に，実験で得られたクラス

26　Shirai（1990）の英語の動詞 *put* を扱った研究では，プロトタイプ的な意味がメタファー的に派生した他の意味より高頻度で用いられているわけではないことが指摘されているが，このことは分布上のデータが必ずしも意味とその心的表象を反映しているわけではないことを示している。

27　Divjak（2015）, Dąbrowska（2016）

28　森山（2015）

29　森山（2012）

30　大西（2015）

ター構造をそのまま当該の語の意味構造と見なすことも考えられるが，森山は一般の母語話者が表面的な類似性に囚われた判断をする可能性を警戒して，深い洞察にもとづく内観分析とそれらの心理実験の結果は補完的に用いられるべきだとしている。

5. 第二言語における多義性の研究

本章ではここまで言語学における語の多義性をめぐる議論を概観してきた。この節では第二言語における多義語を扱った研究のいくつかを取り上げ，それらが明らかにしてきたことを見ていく。

5.1 第二言語の多義語に関する学習者の心的表象

語の多義性を主題として行われたわけではないが，1970年代に行われた研究の中に本章の目的に即して重要なものが存在する。Eric Kellermanによって行われたその研究[31]では，オランダ語を母語とする英語学習者に対し，母語の動詞brekenの異なる用法を代表する17のオランダ語文を提示し，それらのうち英語のbreakを用いて表現できるものを指摘するよう求めている。含まれていた動詞の用法はすべてオランダ語と英語の両方で許容されるものだったが，実験参加者の間にはそれらのうちあるものを許容し，別のものを許容しない傾向が見られた。Kellermanはこれを，学習者が母語のbrekenの用法のうちに中心的なものと周辺的なものを見出して区別し，前者が英語でも用いられる一方，後者はオランダ語固有のもので他言語では許容されないと自発的に判断したためだとしている。さらに同研究では，母語の用法の転移可能性を決定づける別の要素として，学習者自身が感じている母語と目標言語との言語的な距離があると考えられている。すなわち，学習者が両者の距離を近いと判断した場合にはコアから周辺的なものまで階層的により多くの用法が，遠いと見なされた場合にはコアに近い限られたものだけが目標言語で可能と見なされるということである。

より直接的に多義語に関する学習者の心的表象を取り扱った研究もある。

31　Kellerman (1979)。その本来の研究主題は語義の転移可能性 (transferability) である（同研究のフォロー・アップとしてのKellerman, 1986も参照)。

それらのうち今井むつみによるもの[32]では，英語母語話者と日本人学習者が英語の多義動詞 wear のさまざまな語義をどのように分類して認識しているかを，上で見た森山と同様のカード分類法による実験を通して明らかにしようとしている[33]。その結果，両者ともに wear の具象的な意味と比喩的に拡張された意味を大きく区別する傾向が確認されたが，学習者は物理的な着用に関わる具象的意味のうちでも（衣類を）「身につける」用法と（アクセサリー類を）「装う」用法の間に母語話者よりも明確な区分を設けていた。これは学習者の母語である日本語における動詞「着る」の用法が反映されたものであると考えられている。さらに wear の比喩的用法について，母語話者では多次元尺度上の距離にプロトタイプ（衣服の摩耗）からのメタファーによる意味拡張プロセスが反映されていたのに対して，学習者の表象にはそのような構造が見られず，まとまりを欠くものだったことも指摘されている。

同論文で報告されているもう 1 つの実験で，今井は上述の実験参加者とは異なる英語母語話者と日本人英語学習者に対して，wear が慣用的および非慣用的な用いられ方をしている英文を提示し，それぞれ 4 段階で容認可能性の判断を求めている。慣用的な用法とは文コンテクストの中で自然に用いられる wear，非慣用的用法とは wear が通常用いられないコンテクストで使われているケースを言う。前者には第一の実験で用いられたのと同じ刺激文が用いられた。実験データの分析からは，英語母語話者が慣用的用法と非慣用的用法を明確に区別しているのに対して，学習者では両者の境界が曖昧であることが明らかになった。これは，学習者に慣用的用法のうち比喩的な意味を持つものを容認しないことが多い一方，非慣用的な用法に対して確定的な判断を避ける傾向があったことによるとされている。改めて wear の慣用的な用法についてのみ，2 つの実験の結果を総合的に分析したところ，学習者による判断の大部分が wear のプロトタイプ的意味である「衣類を着用する」からの多次元空間上の距離によって決定され，概ね具象的用法と比喩的用法の区別という単一の次元だけで構成されていたのに対し，母語話者の判断にはその次元の関与がまったく見られないことが明らかになった。これらの結

32　今井（1993）
33　ただし，両者の分析手法は異なっており，今井の研究で用いられたのは多次元尺度分析法である。

果を受けて今井は学習者の持つ wear の心的表象がメタファーによる拡張によって動機づけられた本来の構造をなしていないことを問題視し，外国語指導における語彙の取り扱いに対して疑問を投げかけている。

前節でふれた森山のグループ内で進められた研究の中にも，第二言語における多義の表象を問題にしたものが含まれている。それらのうち山崎香緒里によるもの[34]は，英語の動詞 cut の意味構造に関して母語話者と日本人英語学習者それぞれが持つ表象を，森山や大西と同様の心理実験手法を用いて明らかにしようとしている[35]。母語話者と学習者による判断結果の比較から，両者ともに字義的意味（物理的な切る行為に関わる意味）とメタファー拡張義（比喩的意味）を区別しているものの，後者に関する学習者の意味区分は母語話者のものほど細分化されていないことがわかった。これに対して，同グループの鐘慧盈が問題にしたのは第二言語としての日本語における動詞「きる」の意味構造である[36]。実験で鐘は日本語話者に対してそのさまざまな用法がプロトタイプ的語義とされる「髪を切る」意味とどれほど似ているかの判断を求め，語義ごとにプロトタイプ的意味との近似性(プロトタイプ性)の数値を得た後，中国語を母語とする日本語学習者に「きる」の種々の用法に関する容認性判断を求め，両者の相関を分析している。その結果，第二言語としての日本語学習者の語義容認度がそれぞれの用法のプロトタイプ性を反映したものとなっていることが明らかになった。拡張のタイプと容認度の関連については，プロトタイプ的意味からメタファーによって派生した語義，およびそこからさらなるメタファーによって派生した語義が容認されにくい傾向が確認された。対象を物理的に「きる」ことをその意味に含むメトニミー拡張義は比較的容認されやすく，ひとたびメトニミー拡張によって得られた語義からはメタファー的な拡張も受け入れられやすかった。

その他の研究として，第二言語としての英語の動詞 give を扱ったものもある[37]。研究者らは実験で英語母語話者と日本語を母語とする英語学習者が

34 山崎（2015）

35 母語話者から集められたデータは瀬戸（2007b）が提示する cut の多義構造を補正するために用いられた。

36 鐘（2015）

37 Hayashi & Marks（2013）

ともにそのプロトタイプ的な用法と見なすのが「授与者+give+受け取り手+物(具体的名詞)」であることを確認したうえで，両者に森山らと同様の分類課題に取り組ませている。その結果，母語話者がgiveの意味にもとづいた分類を行っていたのに対し，学習者の分類ではそもそもまとまりの度合い(クラスター凝集性)が低いことに加え，意味ではなく文の構造的な違いによる(弱い)まとまりが見られたため，意味ネットワークの観点からの説明を与えることが困難だった。学習者が語彙を構造との関連で考える傾向は，その英語学習経験の反映なのかもしれない。

5.2　第二言語の多義語指導における介入の効果

語の学習において，語義派生のメカニズムを学習者に意識させることの効果を確かめようとした研究は少なくない。具体的には，ハンガリー語を母語とする英語学習者に対してholdおよびkeepを対象とした語彙指導を行った際，それらの語のプロトタイプ的意味やメタファー，メトニミーによる意味拡張に関する明示的な説明やイメージ図の活用が効果的だったことを報告した研究[38]や，英語を母語とするフランス語学習者による動詞arriverおよび前置詞surの学習で同様の効果が見られ，その効果が特に事後の産出テストにおいて顕著だったとする研究[39]などがある。しかしその一方，指導介入の効果に対する否定的な結果も報告されている[40]。赤松信彦による研究では，日本人英語学習者による容認可能性判断の際に学習対象とされた動詞のコアとなる概念(「手でおさえておく」)や意味拡張の事例(テストの刺激文には含まれていないもの)を掲載した文書資料を参照させたが，その効果は確認されなかった。資料の活用が学習者に委ねられていたこと，およびその内容が慣用的用法を非慣用的なものから弁別するためには十分なものではなかったことなどにその理由があるのかもしれない[41]。

38　Csábi (2004)

39　Khodadady & Khaghaninejad (2012)

40　Akamatsu (2010a, 2010b)

41　例えばholdに関して，非慣用的な用法であるhold the attention of the audienceやhold the speed to sixtyを，「コア語義」とされている「手でおさえておく」意味に関連づけることも不可能ではない。

第二言語発達の非線形性に関する研究で知られるMarjolijne VerspoorとWander Lowieによって2003年に発表された論文では，複数存在する語義の1つを学習者に教えたとき，同じ語の他の語義にその影響がどのように及ぶのかが検証されている[42]。本章の目的にとって重要であるため，その実験についていくらか詳しく述べる。学習のターゲットは実験参加者（オランダ語を母語とする英語学習者）にとって未知の英単語で，動詞，形容詞，名詞を合わせて18語，いずれもコア語義（S1）と派生的語義（S2），そしてさらにそこから二次的に派生した語義（S3）を持つ語だった。学習者は2つのグループに分けられ，それぞれが異なるタスクに取り組んだ（テスト1）。一方のグループにはS1とS2がそれぞれ文コンテクストに埋め込まれた形で対として提示され，S1にのみオランダ語の訳語が与えられていた。参加者は各ペアでS2の意味を推測するよう求められている。他方のグループの参加者はS3とS2のうち，S3の意味からS2の意味を推測するように求められた。テストの直後には正答が提示され，それぞれのグループで学習者はそれら（すなわちS2の意味）を記憶するとともに，S2のS1またはS3との意味的関連を考えるように指示されている。その後，同じ授業内で一定時間を経た後，学習者は予告なしに新たな文脈の中でそれぞれの語のS2を解答することを求められた（テスト2）。最後に，両グループの学習者はそれから数週間後にテスト2と同じ形式で長期の記憶残存確認を目的とするテストを受けた（テスト3）。

実験の結果は次のとおりである。テスト1のスコアはS1からS2を推測したグループのほうがS3からS2を推測したグループよりも高く，その差は統計的に有意だった[43]。テスト2では両グループの参加者ともほぼ完全な記憶保持が見られ，グループ間の相違もなかった[44]。テスト3におけるスコアは2グループともにテスト2のものに及ばなかったが，スコアは最初にS1からS2を推測するタスクに取り組んだグループのほうが，S3からS2を推測したグループよりも有意に高く[45]，テスト2，3と学習条件（グループ）

42　Verspoor & Lowie（2003）

43　$p < .01, t(76) = 4.6$

44　このことに関する統計量は論文中で報告されていない。

45　$p < .01, t(76) = 2.8$

の交互作用も統計的に有意だった[46]。質的な分析の結果からは，S3からS2を推測したグループでスコアが特に低かったのが，学習者の母語であるオランダ語でS2とS3に対して異なる語が対応する項目だったとされている。Verspoorらはこれらの結果について，コア語義からの派生的意味の類推が学習者にその語の意味構造の厳密な精緻化（precise elaboration）の機会を提供した一方，高度に比喩的な意味から別の比喩的な意味を推測することは簡単ではなく，語の意味構造の理解に至らなかったようだと述べている。

6. 多義語研究の課題と展望

本章では多義語の特質とそれに関連する第二言語習得研究について述べてきたが，ここで改めて多義性の本質の理解やその研究方法に内在する問題を考えてみる。第一に，多義性の根幹に関わる問題として，現実世界における意味が連続的に構成されているのに対して，語義を互いに独立した個別的な（discrete）ものとして扱うことの妥当性に関して根本的な疑問を投げかけている研究者たちがいる[47]。これをふまえると語の意味構造は，実際にはネットワーク上の点あるいは孤立した島[48]としての語義の連鎖ではなく，なだらかなグラデーションによって特徴づけられる色相環に例えることが適切かもしれない。別個の語義はその上に掛けられた網の目を通して見える個々の色に例えられるだろう。このアナロジーによれば，分離派の研究者らが用いているのは細かい目の網であり，成果は応用研究や辞書編纂などにおける参照枠として実用的な価値を持つ。したがって個別語義の設定におけるその粒度はその善悪ではなく有用性という観点で議論されるべきものだと考えられる。

関連する問題に，語義の認定における文脈の役割がある。先にその概要を述べた森山[49]の日本語動詞「きる」の分析は，内容物を取り出すことが意図されているかどうか，動詞の目的語が使う部分と捨てる部分のどちらに該当するかといった動作に付随する側面までを考慮に入れたものとなっている。

46　$p < .01, F(1, 75) = 8.7$

47　Glynn（2014），Kilgarriff（1997），Langacker（2006）など。

48　専門的な用語では「ノード」（nodes）。

49　森山（2015, 2017）

語彙分類の精緻化の試みとしては興味深いが，それらが本当に動詞の意味の一部であるのか，あるいは文脈から得られる含意として扱うべきなのかに関してはさらなる議論が必要だろう。つまり，動作の目的やその影響といった側面は文脈に委ねることで，より簡潔で合理的な意味体系の記述が可能になるかもしれない。

さらに，語義の関連性についても再検討の余地がある。Verspoor ら[50]が語義を S1 から S2 へ，さらにそこから S3 へと直線的に関係づけていたように，プロトタイプから周辺的な語義に至る線状の伝播的拡張モデルを仮定して行われてきた研究は少なくない。しかし，特に基本動詞などの多くの語義を持つ単語では，プロトタイプ的語義から延びる複数の「枝」の先端にある派生的な語義それぞれも相互に関連を持ち，複雑に結びついたネットワークを形成していると考えられる。そしてそのようなネットワークでは，ある語義の学習がその全体の構造に影響を及ぼすことがあっても不思議ではない。色相環の比喩を引き継げば，印刷されたその範囲の中の 1 点に水滴を落としたときの滲みの広がりと色の複雑な変化に，その影響を例えることができるかもしれない[51]。このような仮定から，学習者の限られた用法との接触をきっかけとした知識の拡張や，接触の順序と頻度がそのプロセスに与える影響について，新たな研究課題が生まれる可能性がある。プロトタイプ的語義との近接性やさまざまな語義に学習者がふれる順序，さらにそこに母語の対応する語の特性がどのように影響し，どのような経験がそれを乗り越えるために有効なのかといった問題の解明が新たな研究の目標となるだろう。より広い視野で見れば，多義性へのそうしたアプローチは複雑で適応的なプロセスとしての言語発達の概念化とも軌を一にするものである[52]。方法論的には，社会学における対人関係の研究や化学その他の分野で要素の関係性を明らかにするために用いられてきたネットワーク分析などの手法が，言語の研究に

50 Verspoor & Lowie (2003)

51 厳密には，色の滲みが基本的に中心から円環状に広がるのに対して，語義の知識拡張パターンにはむしろ拡張を動機づけている要因の違いなどによる興味深い偏りがあると予測される。

52 Larsen-Freeman (2017) など。また，必ずしも複雑系に関する理論に依拠したものではないが，多義語に関して比較的早い時期に言語知識の可塑的で適応的な性格を意識して行われた研究に Raukko (2003) がある。

おいてもその知識を構成する要素の複雑なリンクとその変化する性質を明らかにするうえで有用になるかもしれない。

認識論的には，コーパスを参照することも，心理測定的手法によって対象言語の一般的な話者からデータを収集することも，個々の話者が共同体の中に存在する言語知識の一部のみを専有（appropriate）し，それを自らの目的に即して利用する（にすぎない）のだとする用例基盤主義の認識論に合致する[53]。過去の研究ではコーパス分析や心理実験の結果が，内観にもとづく分析の補完のために用いられることが多かったが，言語能力がコミュニティーの中に存在するという「公理」に基づけば，データに表れた傾向こそがその言語の真の体系であると考えるべきなのかもしれない。実験参加者に与えられるタスクやデータ収集や分析の手法をさらに改善していくことで，そうした方法論により多義性の本質に関する新しい発見がもたらされることが期待される。

7.　おわりに

欧米では2010年頃を境に，少なくとも語彙意味論分野での多義に関する議論は一段落したとの印象も受けるが，日本では籾山洋介，瀬戸賢一，森山新らの貢献によって理論と方法論両面の整備がなされてきたことや，日本語学習者向けの辞書制作のニーズなどから，引き続き活発に研究が行われている。日本語が際立って多くの同音異義語を持つことや，平仮名，片仮名，漢字，そして文章の性格によっては（本書の各章のように）さらに英文字と，多くの表記が混在する言語であることから，研究者を含む日本語話者は多義に象徴されるような言語の形式と意味の関連に対して強い関心を抱くのかもしれない。多義語を扱った研究には，本章で言及したもの以外にも多義の構造やその心的表象のモデル化を目指した数理的研究，母語発達における語義獲得プロセスを追跡した研究などがあり[54]，心理言語学的な見地からその処理に目を向けた研究も多い。今後，さまざまな分野の研究課題や成果を相互に参照することにより，領域横断的に新たな研究課題が生み出されるかもし

53　Dąbrowska（2015）

54　数理的アプローチに関してはRodd, Gaskell, & Marslen-Wilson（2004）など，母語発達における多義語の獲得についてはNerlich, Todd, & Clarke（2003）などがある。

れない。

【外国語教育に関わる人が知っておくべきポイント】

- 多義語の意味（語義）は認知的に動機づけられた派生によって生み出されたネットワークを形成している。
- 第二言語語彙の指導では，学習者が各語の広がりを持った意味構造を汲み取れるような工夫と配慮が求められる。
- 言語知識の創発的な性格を念頭に，学習者がふれる用例や練習のあり方，指導者が行う説明の内容などを検討していく必要がある。

【読者へのメッセージ】

多義語を含む言語の意味に関する研究（意味論）は私たちの物事や事態，他者の捉え方に関する興味深い事実を教えてくれ，ときに私たちの価値観や認識のあり方を大きく揺さぶってくれる。指導介入を含む研究の結果などを参考に，効果的な語彙指導について考えてみてほしい。

参照文献

Akamatsu, N. (2010a). Difficulty in restructuring foreign-language vocabulary knowledge: Polysemous verbs. *JACET Kansai Journal, 12,* 68–79.

Akamatsu, N. (2010b). Restructuring foreign language lexical knowledge: Do cognitive linguistic insights contribute to foreign language learning? *Doshisha Studies in English* (『同志社大学英語英文学研究』), *66,* 53–82.

Csábi, S. (2004). A cognitive linguistic view of polysemy in English and its implications for teaching. In M. Achard, & S. Niemeier (Eds.), *Cognitive linguistics, second language acquisition, and foreign language teaching* (233–256). Mouton de Gruyter. https://doi.org/10.1515/9783110199857.233

Cruse, A. (1995). Polysemy and related phenomena from a cognitive linguistic viewpoint. In P. Disier, & E. Viegas (Eds.), *Computational lexical semantics* (pp. 33–49). Cambridge University Press. https://doi.org/10.1017/CBO9780511527227.004

Divjak, D. (2015). Four challenges for usage-based linguistics. In J. Daems, E. Zenner, K. Heylen, D. Speelman, & H. Cuyckens (Eds.), *Change of paradigms-new paradoxes: Recontextualizing language and linguistics* (pp. 297–309). De Gruyter Mouton. https://doi.org/10.1515/9783110435597-017

Dąbrowska, E. (2015). Language in the mind and in the community. In J. Daems, E. Zenner, K.

Heylen, D. Speelman, & H. Cuyckens (Eds.), *Change of Paradigms-new paradoxes* (pp. 221–235). De Gruyter Mouton. https://doi.org/10.1515/9783110435597-014

Dąbrowska, E. (2016). Cognitive linguistics' seven deadly sins. *Cognitive Linguistics, 27*(4), 479–491. https://doi.org/10.1515/cog-2016-0059

Evans, V. (2005). The meaning of time: Polysemy, the lexicon and conceptual structure. *Journal of Linguistics, 41*(1), 33–75. https://doi.org/10.1017/S0022226704003056

Fillmore, C. J. (1982). Frame semantics. In The Linguistic Society of Korea (Ed.), *Linguistics in the morning calm* (pp. 111–137). Hanshin Publishing.

Geeraerts, D. (1993). Vagueness's puzzles, polysemy's vagaries. *Cognitive Linguistics, 4*(3), 223–272. https://doi.org/10.1515/cogl.1993.4.3.223

Gibbs, R. W., & Matlock, T. (1997). Psycholinguistic perspectives on polysemy. In H. Cuychens, & B. Zawada (Eds.), *Polysemy in cognitive linguistics* (pp. 213–239). John Benjamins. https://doi.org/10.1075/cilt.177.10gib

Glynn, D. (2014). The many uses of *run*: Corpus methods and socio-cognitive semantics. In D. Glynn, & J. A. Robinson (Eds.), *Corpus methods for semantics: Quantitative studies in polysemy and synonymy* (pp. 117–144). John Benjamins. https://doi.org/10.1075/hcp.43.05gly

Glynn, D., & Robinson, J. A. (2014). *Corpus methods for semantics: Quantitative studies in polysemy and synonymy.* John Benjamins.

Gries, S. Th. (2006). Corpus-based methods and cognitive semantics: The many senses of to *run*. In S. Th. Gries, & A. Stefanowitsch (Eds.), *Corpora in cognitive linguistics: Corpus-based approaches to syntax and lexis* (pp. 57–99). Mouton de Gruyter. https://doi.org/10.1515/9783110197709.57

早瀬尚子 (2017).「多義語の分析 II —認知意味論的アプローチ—」中野弘三 (編)『(シリーズ＜言語表現とコミュニケーション＞ I) 語はなぜ多義になるのか—コンテキストの作用を考える—』(pp. 80–105). 朝倉書店.

Hayashi, M., & Marks, T. (2013). On perception of the verb "give" by Japanese learners of English.『立命館言語文化研究』*24*(3), 159–174. http://hdl.handle.net/10367/8744

今井むつみ (1993).「外国語学習者の語彙学習における問題点—言葉の意味表象の見地から—」『教育心理学研究』*41*(3), 243–253.

Janda, L. (2021). Quantitative perspectives in Cognitive Linguistics. In W-L. Lu, N. Kudrnáčová, & L. A. Janda (Eds.), *Corpus approaches to language, thought and communication* (pp. 7–28). John Benjamins. https://doi.org/10.1075/bct.119.02jan

Kellerman, E. (1979). Transfer and non-transfer: Where we are now. *Studies in Second Language Acquisition, 2*(1), 37–57. https://doi.org/10.1017/S0272263100000942

Kellerman, E. (1986). An eye for an eye: Cross-linguistic constraints on the development of the l2 lexicon. In E. Kellerman, & M. Sharwood Smith (Eds.), *Cross-linguistic influence in second language acquisition* (pp. 35–48). Pegamon.

Khodadady, E., & Khaghaninejad, M. S. (2012). Acquisition of French polysemous vocabularies: Schema-based instruction versus translation-based instruction. *Porta Linguarum, 17,* 22–46.

Kilgarriff, A. (1997). “I don’t believe in word senses.” *Computers and the Humanities, 31*(2), 91–113. https://doi.org/10.1023/A:1000583911091

Lakoff, G. (1987). *Women, fire, and dangerous things: What categories reveal about the mind.* University of Chicago Press.

Langacker, R. W. (1988). A view of linguistic semantics. In B. Rudzka-Ostyn (Ed.), *Topics in cognitive linguistics* (pp. 49–90). John Benjamins. https://doi.org/10.1075/cilt.50.04lan

Langacker, R. W. (2006). On the continuous debate about discreteness. *Cognitive Linguistics, 17*(1), 107–151. https://doi.org/10.1515/COG.2006.003

Larsen-Freeman, D. (2017). Complexity theory: The lessons continue. In L. Ortega, & Z.-H. Han (Eds.), *Complexity theory and language development: In celebration of Diane Larsen-Freeman* (pp. 11–50). John Benjamin. https://doi.org/10.1075/lllt.48.02lar

松本曜 (2010).「多義性とカテゴリー構造」澤田治美 (編)『語・文と文法カテゴリーの意味』(pp. 23–43). ひつじ書房.

籾山洋介 (2019).「多義語分析の課題と方法」プラシャント パルデシ・籾山洋介・砂川有里子・今井新悟・今村泰也 (編)『多義動詞分析の新展開と日本語教育への応用』(pp. 32–67). 開拓社.

籾山洋介 (2021).『(例解) 日本語の多義語研究—認知言語学の視点から—』大修館書店.

森山新 (2012).「認知意味論的視点からの『切る』の意味構造分析」『同日語文学研究』*27*, 147–159.

森山新 (2015).「日本語多義動詞『切る』の意味構造研究—心理的手法により内省分析を検証する」『認知言語学研究』*1*, 138–155.

森山新 (2017).「コーパスを用いた日本語多義動詞「切る」の意味構造分析—認知意味論の観点から」『人文科学研究』(お茶の水大学) *13*, 55–67.

Nerlich, B., Todd, Z., & Clarke, D. D. (2003). Emerging patterns and evolving polysemies: The acquisition of *get* between four and ten years. In B. Nerlich, Z. Todd, V. Herman, & D. D. Clarke (Eds.), *Polysemy: Flexible patterns of meaning in mind and language* (pp. 333–357). Mouton de Gruyter. https://doi.org/10.1515/9783110895698.333

大西はんな (2015).「多義動詞『みる』の意味構造分析」『認知言語学会論文集』*16*, 543–548.

パルデシ, プラシャント・籾山洋介・砂川有里子・今井新悟・今村泰也 (編) (2019).『多義動詞分析の新展開と日本語教育への応用』開拓社.

Raukko, J. (2003). Polysemy as flexible meaning: Experiments with English *get* and Finnish *pitää*. In B. Nerlich, Z. Todd, V. Herman, & D. D. Clarke (Eds.). *Polysemy: Flexible patterns of meaning in mind and language* (pp. 161–193). De Gruyter Mouton. https://doi.org/10.1515/9783110895698.161

Rodd, J. M., Gaskell, M. G., & Marslen-Wilson, W. D. (2004). Modelling the effects of semantic ambiguity in word recognition. *Cognitive Science, 28*(1), 89–104. https://doi.org/10.1016/j.cogsci.2003.08.002
Ruhl, C. (1989). *On monosemy: A study in linguistic semantics.* State University of New York Press.
瀬戸賢一 (2007a).『英語多義ネットワーク辞典』小学館.
瀬戸賢一 (2007b).「メタファーと多義語の記述」楠見孝 (編)『メタファー研究の最前線』(pp. 33–61). ひつじ書房.
Shirai, Y. (1990). Putting PUT to use: Prototype and metaphorical extension. *Issues in Applied Linguistics, 1*(1), 78–97.
Tuggy, D. (1993). Ambiguity, polysemy, and vagueness. *Cognitive Linguistics, 4*(3), 273–290. https://doi.org/10.1515/cogl.1993.4.3.273
田中茂範 (1987).『基本動詞の意味論―コアとプロトタイプ―』三友社出版.
田中茂範 (1990).『認知意味論―英語動詞の多義の構造―』三友社出版.
辻幸夫・中本敬子・李在鎬 (2011).『認知言語学研究の方法―内省・コーパス・実験―』ひつじ書房.
Verspoor, M., & Lowie W. (2003). Making sense of polysemous words. *Language Learning, 53*(3), 547–586. https://doi.org/10.1111/1467-9922.00234
山崎香緒里 (2015)「学習者と母語話者が持つ CUT の意味構造は異なるか」『認知言語学会論文集』*16*, 549–554.
鐘慧盈 (2015)「L2『きる』の意味構造がその習得に及ぼす影響」『認知言語学会論文集』*16*, 555–560.

3

言語学と第二言語習得研究

―生成文法の視点から―

横田秀樹

1. はじめに

英語や日本語といった個別言語に関心がある人は，多言語，異文化理解，多様性といった言語間の「違い」に目を向けがちである。しかしながら，ことばについて考えるとき，その「共通性」に目を向けてみると興味深い世界が見えてくる[1]。しかも，その共通性こそが言語の多様性を生む原動力となっている。そのような共通性の視点から言語習得を観察すると何がわかるのだろうか。

本章では，まず「文」がどのように創造されるか，いくつかの可能性を検討し，ヒトには文の法則（文法）を導き出す能力が必要であることを述べる。次に，その文法能力を解明しようとする「生成文法」の考え方を概観する。具体的には，英語の wh 疑問文の生成に関わる文法操作，そして，そこに働く文法条件をもとに，世界の様々な言語，第一言語（母語）習得，第二言語習得に見られる特徴を比較する。もし，第二言語も自然言語の「文法」にしたがっているならば，それぞれの言語に共通する特徴（誤り）が観察されるはずである[2]。このように本章では「生成文法」の視点から，第二言語習得における中間言語が自然言語の文法にしたがっているのかどうかを検証する[3]。

1　本章では，「ことば」は考えなどを表現するために発話された意味を持った総体を指すが，「言語」は日本語，英語のような個別の「ことば」の種類を指す。

2　自然言語とは，コンピュータのプログラミング言語のような人工言語ではなく，人間がコミュニケーションのために日常的に用いる言語のことである。

3　中間言語とは，第二言語を習得する途中段階にある言語を指す。途中段階には様々な誤りが現れるが，その誤りを含めて自然言語のひとつであると考え，中間言語と呼ぶ

2. 「文」の創造

2.1 語と文

最初に，「文」というものを少し掘り下げて考えてみたい。仮に，「文」が存在せず，「単語」だけで会話をしなければならない世界を考えてみよう。その世界では，事象ひとつにつき一つの単語を割り当てる必要があるとする。すると，新しい事象について話そうとするたびに，話者と聞き手の間でその意味を身振り手振りや状況を通して確認し合いながら，その事象に相応する新たな単語を作っていくことになる。つまり，話し相手に会ってすぐに，情報を伝えたくとも伝えることはできず，周囲の環境や状況から意味を推測して，お互いに合意しながらひとつひとつ単語を増やしていく必要がある。そのような方法では，話をするたびに膨大な単語を覚える必要があり，(不可能だが) 1 秒に 1 語覚えたとしても一生の間にそれほど多くのことは表現できるようにならない。結局のところ，単語のみでは，現在のことばのように，それまで話したことのない新しいことを創造的に相手に伝えることはできない。

一方，特定の規則にしたがって単語を組み合わせた「文」であれば，あらゆる事象を簡単に伝達できる。I ate borscht yesterday. や I'm going to İzmir next week. と言えば，昨日何かを食べたことや来週どこかに行くだろうということが伝えられる[4]。つまり，単語を組み合わせた「文」は非常に創造的なものであり，新たに体験したこと，これから先のこと，想像の世界など，話し手と聞き手がこれまで共有したことのないことをその場で表現し概要を伝えることができる方法なのである。さらにコミュニケーションという意味でも Does it taste good? や Where is İzmir? といったようにすぐに内容確認ができて会話を続けることも容易である。単語だけしか使えない世界では，一語に対して一語でしか返答できず，そのような対話ですら困難であろう。

(Selinker, 1972)。

4　もし単語でしか表現できない世界であれば，これら文の内容を表すにも新語 (例：yboa や nzre など法則を含まない語) が必要となり，どれだけ記憶力があっても足りないだろう。

2.2　文を生み出すものは何か

自然言語の「文」を生成するルール（文法）は人為的に決めたものではない。単語を並べることで文は生成され，文全体として意味を持つことになる。つまり，単語を並べることで言語は情報を伝えることのできる創造的な産物となる[5]。ただし，単語をランダムに並べるだけでは「文」として不十分である。たとえば，Tom, Mary, loves の 3 つの語を並べるだけでも，(1) のような 6 つのパターンを作ることができる。

(1)[6] a.　Tom loves Mary.
　b.　Mary loves Tom.
　c.　*Tom Mary loves.
　d.　*Mary Tom loves.
　e.　*Loves Tom Mary.
　f.　*Loves Mary Tom.

たった 3 語でもこれだけのパターンをつくり出せるが，これにさらに 2 語増やし 5 語にするだけでもパターンは激増し 120 通りの組み合わせができる。7 語の文になれば 5,040 通り，10 語になれば 3,628,800 通りにもなる。これを前提に，様々な意味の語の組み合わせを考えると，「文」の全体像は途方もない数が生み出される可能性があることがわかるだろう。しかし，実際は，英語として (1a) と (1b) のみが適切な文で，(1c–f) は不適格な文である。このように，「語」の膨大な組み合わせの中から適切な「文」を生み出しているのはいったい何だろうか。

この疑問を，子どもの母語習得の観点から考えてみると面白い。つまり，「文」にはとてつもない「語」の組み合わせがあるにもかかわらず，なぜ子

5　自然言語は再帰性が関与し階層的な構造を持つが，ここでは単語と文の違いに焦点を当てるため，できる限りシンプルに示す。また，当然，音声（音韻論），語の生成（形態論），言語使用（語用論）などの観点からもことばの創造的な側面は語れるが，本章では「文」の生成（統語論）に焦点を当てる。

6　「*」は規範文法において非文法的な文であることを示す。また，Tom Mary loves などは「メアリーが好きなのはトムだ」のように Tom を強調するために文頭に置くことは可能であるが，ここでは談話的操作は考慮しない。

どもはその膨大な選択肢の中から限られた適切な文を作り出すのだろうか。その理由としてまず考えられるのは，「大人が話す文（聞いたものだけ）を真似して使っているのではないか」というものである。たとえば，(1a, b) の言語情報（インプット）を大人から受ければその 2 つの文は習得されるが，(1c–f) は決して与えられることはないため，子どもはそのような不適格文を使わないということになる。つまり，6 通りの組み合わせがあっても，2 パターンだけ使われるため，それ以外の可能性は無視できるというものである。確かに頻度の高いものはこれで習得できそうである。

しかし，この考えには問題もある。もし子どもが出会った単語の組み合わせの文をひとつひとつ覚えていたとすると，膨大な文を記憶する必要があり，上で述べた「単語」だけで会話をする状況と同じことになる。さらに，子どもが大人から受けるインプットが，当該言語のすべての適切な文を含んでいるということはあり得ない。つまり，大人から得られるインプットは量的にも質的にも差があり，子どもは多くの適切な文に出会わないまま成長するため，母語であっても習得の個人差が大きくなるはずである。しかし，母語習得に関しては，それほど大きな個人差はないと言われている[7]。

このように考えると，子どもは大人のことばを模倣するだけでなく，インプットとして受ける言語情報をもとにして文を創り出す何らかの法則（つまり文法）を導き出す（習得）すると考える方が自然である。子どもは，ほぼ誰でも同じように 24 か月前後には，大人の発話と同じような形態統語構造を持った文を発するようになると言われている[8]。それでは，子どもはどのようにその法則を導き出すのであろうか。もし子どもがそのような短期間で大人からのインプットのみにもとづき文の法則を導き出すなら，その間にとてつもない量のインプットを受ける必要があるだろう。しかし，実際の幼少期の子どもが受ける言語インプットの量は限られたものであり，不完全なものも多い。さらに，インプットでは触れることのないと思える特殊な文法も身につけることが観察されている[9]。このような幼少期の言語インプットが不十分であることを「刺激の貧困 (poverty of stimulus)」と呼び，その不十分な

7　Chomsky (1972, p. 79)

8　白畑・冨田・村野井・若林 (2019, p. 81)

9　村杉 (2014)，杉崎 (2015) などを参照。

インプットのみから得られるとは考えられない豊かな言語知識を，幼い子どもが習得するのはなぜかという問題のことを，プラトンの問題（Plato's problem）と呼ぶ[10]。

子どもが，そのような短期間に文法を習得する理由として，「周囲の状況からその文の意味やルール（語順）を導き出すからだ」というものがある。たとえば，子どもは指さしやアイコンタクト，場面，大人の反応など言語以外の手がかりを利用しながら言語と意味の対応関係を習得できる[11]。実際，頻度の高い単語（doggy）や表現（What do you like? I like chocolate.）などはそれで習得できるであろう。文中の語を入れ替えれば，I like Mango. など新たな文も生み出せることになる。つまり，場面などの情報とともに習得した文の形式（例：I like ～）の内部の語を入れ替えることで，新たな「文」（I like music. Tom likes Mary.）を創造することができるようになると言える。

しかし，それでもまだ疑問は残る。もう一度，(1) の例文に戻ると，なぜ (1c-f) は誤りだとわかるのだろうか。それは，(1a, b) の文しか出会わず，その文の構造（法則）だけを使っているからだという理由ではプラトンの問題は解決できない。「不適格な文を不適格だ」と判断できる能力はどうやって身につくのだろうか[12]。上述したように子どもが大人から受けるインプットが，当該言語のすべての適切な文のパターンを含んでいるということはあり得ないことからも，「適切な文以外はすべて不適切な文」と子どもが判断するとは考えにくい。実際，子どもは大人のインプットに含まれないタイプの誤りをよく産出することも知られている[13]。

ここまで考えると，少なくとも大人からの不十分で不完全なインプットをもとに，子どもが「文法」を導き出し，非文法的な文を排除できるようになるための他の理由を考える必要がある。

10　Chomsky（1986）

11　Tomasello（1999）などを参照。

12　「不適格な文」とは自然言語としては観察されない文のことであり，必ずしも規範文法（学校文法など）にそぐわない文というわけではない。したがって，当該言語のネイティブスピーカーであっても幼少期に共通して見られる文法的「誤り」は自然言語の法則に従っていると言える。それらを含めて「説明」が求められるのが言語学である。

13　5.2 を参照。

3.　生成文法

3.1　生成文法への誤解

「ある言語の母語話者は，その言語で無限に文を作ることができ，また，その言語で許されないような文は作ることもなく，耳にすればおかしいと感じる。このようなことが可能なのは人間がそれを可能にする言語能力を持っているためであると考えられる。その言語能力はどういうものかを研究するのが生成文法の主要なテーマである」[14]。

この生成文法の考え方に対する誤解を含んだ批判を耳にすることがある。たとえば，生成文法は「真空の実験室」で行っているような研究であり，現実の言語使用を反映していないため言語学としては不十分だという声や，「ブラック・ボックス」と言いながら言語の説明をごまかしているといった批判のことである[15]。確かに，生成文法で扱う文は偏ったものが多く見える。たとえば，(2) のような文である[16]。

(2)　a.　John said that Tom introduced himself to Mary.
　　 b.　*What did John wonder when Tom bought?

生成文法では，(2a) に見られる再帰代名詞 himself は Tom のことを指し，John のことではないといったことや，(2b) のような文の文法性について扱われることがあるが，普段の言語使用場面で，(2a) のような文にはほぼ出くわさないであろうし，(2b) にいたっては非文法的な文なので全く目 (耳) にしない文であろう。しかし，そこがポイントである。生成文法研究の重要な目的は，人間の認知能力の一つである言語能力の解明である。つまり，直接は見えない「言語能力」を観察する必要がある。その典型が，上でも述べた「非文法的な文を，非文法的だと判断できる能力」である。

このような「真空の実験室」と批判されることがある研究は，直接観察することができない地球の内部を研究することに似ている。我々が目にする地面は

14　白畑 他 (2019, p. 116)

15　Langacker (1987)，塩谷 (2002) など

16　(2a) の再帰代名詞の説明は，第 4 章 (白畑論文) を参照のこと。(2b) は島の制約と呼ばれる (Ross, 1967)。

どこにでもあり，いつでも観察できる。しかし，普段見えている地面は，地球の内部やその深層部に何が起こっているかほとんど情報を与えてくれない。一方で，普段目にしない断層が現れた場所に目を向けてみると，地球を掘り下げた表層部分がどのような構造になっているのか，また，どのような力が加わってその地層ができたのかがわかる。さらに見かけることが少ない火山の噴火や溶岩などはもっと深い地球の内部の状況が垣間見られる貴重な場所や物質である。また頻繁には起こらない地震などの自然現象からわかる地球内部の動きや，その波動の伝わり方で地球の内部構造に関してわかることも多い。

言語に話を戻すと，普段よく使われている文だけを観察すると，すべての文（例：What's going on in the world?）を暗記しているからだとか，構文として覚えてその中の単語を入れ替えている（例：What kind of *music* do you *like*? → What kind of *car* do you *drive*?）だけだとか，様々な説明ができる。それぞれの可能性は否定できず，また実際にそれらも関与しているはずである。しかし，人間の「言語能力」の本質を探るためには様々な可能性を排除し，普段使われないような真空に思える（2b）のような文を扱う必要がある。つまり，言語の表面的な部分だけ見ていてはその要因がはっきりしないことから，生成文法研究では，文法「能力」を探究するために様々な要因を排除した「真空の実験室」で言語を観察し，その背後に潜む法則（ブラック・ボックスの中身）はどうなっているのかを見い出そうとしているのである。

3.2　生成文法の視点

生成文法は，人間の脳内にあると想定される目には見えないブラック・ボックス（つまり普遍的言語能力）の解明のために研究を一貫して進めてきたわけだが，現在の生成文法理論の枠組みでは，ヒトが言語を習得する際に以下の 3 つの要因が相互に作用すると仮定している[17]。

（3）　言語設計における三要因（Three factors in language design）
　　第一要因：[遺伝的特質]
　　　　人間という種に一様に備わっていて，言語経験を解釈し，言語機

17　Chomsky（2005）。（3）は原口・中村・金子（2016, p. 682）より説明を引用。

能の発達の道筋を決定する。言語理論における普遍文法のことで，人間言語の型を決定する要因。

第二要因：[経験]

限られた範囲内で多様性を生み出す要因。異なる言語経験によって異なる個別言語が習得される。

第三要因：[言語機能に固有ではない諸原理]

言語とは無関係な，あるいは生物とさえ無関係な諸原理。

第一要因である遺伝的特質は，従来，普遍文法（Universal Grammar：UG）として想定していたものであるが，現時点では，併合（下記4節を参照）のみが遺伝的要因である可能性が示唆されている。第二要因の経験は，環境要因のことであり，言語データを含む社会的環境などの後天的要因も言語を生み出す要因の一つとして想定されている。第三要因は，物理法則・自然法則などの様々な言語特有ではない要因のことであり，従来，遺伝的要因として考えられていた原理や特性をここに位置付けようとしている。ここで注意が必要な点は，たとえ第一要因として併合のみしか想定されていないからといって，もうUGとは呼べないというわけではないことである。なぜなら，第三要因の一つとされる局所性（locality）なども後天的に得られたものではなく，普遍的要因であり生得的とも言える。その意味で，第三要因はゲノムに依存しない生得説（non-genomic nativism）とも呼ばれる[18]。

4. 生成文法で仮定される統語操作

4.1 併合（merge）

併合とは，以下の(4)のように取り出された2つの要素αとβにより{ α , β }という組み合わせを作る操作である。このような新しい2つの要素を結合し新たな構造を生み出す併合を外的併合（External Merge）と呼ぶ[19]。

18 Cherniak（1994, 2005），原口 他（2016, pp. 682–683）を参照。

19 Chomsky（2004, 2005）

(4)　併合：　（α，β）　→　{α，β}
　　例：　（the, book）　→　{the, book}

(4) のように the という要素と book という要素を併合して，the book という連鎖（決定詞句：DP）を作ることができる。さらに生成文法では，自然言語は階層的に構造化されたものであると想定されていることから，(4) の併合で作られた {the, book} は，(5) のように併合を繰り返すことで新たな構造物 read + the book → read the book（動詞句：VP）を生成できる。

(5)　併合：　（α，β）　→　{α，β}
　　例：　（read, {the, book}）　→　{read, {the, book}}

2 つの要素αとβを組み合わせて新たな構造物を作る併合を「繰り返す」ことで，無限の構造を作り出すことが可能となる[20]。たとえば，(6a) から (6e) のように，併合を繰り返すことで Jack said Ted read the book. という文を作ることができる[21]。

(6)　a.　the + book → {the book}
　　b.　read + {the book} → {read the book}
　　c.　Ted + {read the book} → {Ted read the book}
　　d.　said + {Ted read the book} → {said Ted read the book}
　　e.　Jack + {said Ted read the book} → {Jack said Ted read the book}

以上のように人間が文を生成する際に，一文一文記憶していかなくても，このシンプルな併合という操作によって無限に文を作ることができる。

4.2　移動（movement）とコピー（copy）

併合にはもう一種類，内的併合（Internal Merge）というものがある。新し

20　離散無限性（discrete infinity）と呼ばれる（Pinker, 1994）。

21　「併合」という概念の概略を示すために，ここでは一致，外的併合，内的併合などの手続きを簡略化している。

い2つの要素を結合する外的併合とは違い，すでに併合によって作られた構造内の要素を移動(併合)することで新たな構造を生み出す操作である[22]。これは従来の枠組みで「移動」や「コピー」として捉えられていたものである[23]。本章では，先行研究における第二言語習得のデータを見直すために，便宜上，コピー操作の枠組みを用いてwh移動を説明する。

(7a) のwh疑問文が生成される際，まず，(7b) に示すように，John, buy, whatが派生に導入され，一連の併合を経てCPフェイズを構成する[24]。

(7) a.　What did John buy?

b.　[$_{CP}$ [$_{C}$ ø] [$_{TP}$ [$_{T}$ Af] [$_{VP}$ John [$_{V}$ buy] *what*]]][25]

c.　[$_{CP}$ *What* [$_{C}$ Af +ø] [$_{TP}$ John [$_{T}$ ~~Af~~] [$_{VP}$ ~~John~~ [$_{V}$ buy] ~~*what*~~]]]

指定部

次に，JohnはVP指定部から時制辞句 (Tense Phrase：TP) の指定部に移動する内的併合が起こる[26]。つまり，JohnがVP指定部からTP指定部にコピーされ，元位置のVP指定部にあるJohnは削除される。また，今回焦点を当てるwhatは，buyの目的語の位置から文頭のCP指定部の位置に移動する(whatはbuyの目的語の位置からCP指定部にコピーされ，元の位置にあったwhatは削除される)[27]。さらに，過去時制を持ったAfがCに移動すること

22　Chomsky (2004, 2005)

23　Chomsky (2000), Hornstein , Nunes, & Grohmann (2005)

24　CPはComplementizer Phrase (補文標識句) の略であり，補文標識C (that/if/forのような節を導入する語の範疇) を主要部とする句や節のことである。また，フェイズとは命題的な内容を表すようなまとまりで，派生が行われるサイクル (単位) のことであり，その単位で音韻・意味部門に転送される (4.3も参照) (Chomsky, 2001)。

25　Affix (Af) は，ここでは過去時制を表す。

26　指定部とは，Xバー理論 (Chomsky, 1970) において仮定されたもので，主要部がどのように理解されるべきかを「指定」することによって主要部を修飾するものである (原口 他 (2016, pp. 437–439) などを参照のこと)。

27　素性継承により解釈不可能な一致素性がフェイズ主要部から時制辞 (Tense：T) に継承されることにより，Tが主語JohnをT指定部に牽引し，CがTにあるAfをCに牽引し付加させ，同時にwhatをC指定部に牽引する。

により do 挿入が起こり，What did John buy? が派生される。以上のように，wh 語は文頭に移動（コピー）されることにより，wh 疑問文が生成される。

4.3　フェイズ不可侵条件

前項で示した移動のコピー操作には「条件」が課せられており，wh 移動では常にその条件を満たす必要がある。その条件とは（8）のフェイズ不可侵条件であり，1 回の操作で構成素がどれだけ移動できるか規定したものである[28]。

（8）　フェイズ不可侵条件（The Phase Impenetrability Condition：PIC）[29]
　　　フェイズの主要部 H の領域は，フェイズ HP の外側からの操作に接近できない。主要部 H とその縁（エッヂ）のみが，そうした操作に接近できる。

（9a）の wh 疑問文を例に説明する。

（9）a.　What do you think John bought?
　　b.　[$_{CP2}$ *What* [$_{C}$ do] [$_{TP}$ you think [$_{CP1}$ [$_{C}$ ø] [$_{TP}$ John buy ~~*what*~~]]]]
　　c.　[$_{CP2}$ *What* [$_{C}$ do] [$_{TP}$ you think [$_{CP1}$ ~~*what*~~ [$_{C}$ ø] [$_{TP}$ John buy ~~*what*~~]]]]

（9a）には，（9b）のように CP1 と CP2 がある。CP はフェイズであるため，（8）の PIC によって CP1 より右にある要素には，それより上の CP2 内の構成素から接近できない。したがって，（9b）のように CP1 の buy の目的語の位置から CP2 指定部まで直接 wh 要素を移動させることはできない。しかし，CP1 の指定部であるエッヂの位置には CP2 の構成素も接近可能であるため，（9c）のように wh 要素を，一度 CP1 指定部の位置に移動すれば，CP2

28　Chomsky（2000）
29　Chomsky（2001），中島（2016, p. 78）より引用。

指定部の位置まで移動することができる。

まとめると，PIC の下，(9a) の文を生成するためには，(9c) のように，buy の目的語の位置にある wh 語の *what* を，一度 CP1 指定部に移動（コピー）し，その後 CP2 指定部へ移動（コピー）する必要がある。そして，最終的に，元位置（buy の目的語の位置）と CP1 指定部のコピーが削除されることで音形としては発音されなくなり，(9a) が派生されるのである。

生成文法が仮定する統語操作や条件を見てきたが，ここで注意すべきことは，これらの操作や条件は言語を使用する際に意識せずとも機能しているということである。つまり，言語には自然に働いている操作やそれにかかる条件があり，それらが「非文法的な文を非文法的だと言える」力を生み出しているのである。なお，ここで言う「文法」とは，学校文法のように人為的に分類されたり，明示的に指導したりする規範文法とは異なり，すべての言語に共通の普遍的な文法である。その意味では，普遍文法の制約のもと，生成可能な文が世界の言語に共通に見られることがあるだけでなく，母語習得や第二言語習得の過程において同じような文法上の誤りが観察されるはずである[30]。

5. 自然言語に観察される言語の普遍的法則

5.1 世界の言語

ここでは世界の言語，第一言語習得，第二言語習得の順に，それらに普遍的法則が見られるのかどうか，データをもとに検証を行う。まずは，(10) ルーマニア語，(11) ドイツ語，(12) アフリカーンス語を使い，世界の言語におけるフェイズ不可侵条件下の移動，すなわちコピー操作の証拠を見ることにする。

(10) から (12) の文はすべて，従属節（埋め込み文）内から主節への長距離 wh 移動を含む wh 疑問文である[31]。理論的には，上で見た (9b) のように

30　ここでは，「誤り（error）」は「間違い（mistake）」とは異なり，自然言語の法則に沿ったものを指す。実際，子どもの母語習得や第二言語学習者には多くの誤りが見られるが，よく観察してみると一定の法則を持っていることがわかる。

31　What do you think John bought? のような wh 疑問文は従属節内（bought の目的語の位置）から主節の CP 指定部（文頭）まで長距離の wh 移動が含まれる。一方，What did John buy?

埋め込み文の元位置から直接，主節の CP2 指定部に wh 語を移動させることは，(8) の PIC によりできない。したがって，(9c) のように，いったん埋め込み文の CP1 指定部に wh 語を移動させ，さらに主節の CP2 指定部の位置に移動させるという 2 段階の操作が必要となる。ここで予測できることは，自然言語であれば埋め込み文の CP1 指定部に，顕在的であれ非顕在的であれ，wh 要素のコピーが残るということである。まず (10) のルーマニア語の例を見てみよう[32]。

(10)　[$_{CP2}$ *Kas* o Demiri mislenola [$_{CP1}$ *kas* i Arìfa dikhla]]?
　　　[whom the Demir think [whom the Arifa saw]]?
　　　'Whom does Demir think Arifa saw?'

(10) では，主節の CP2 指定部 (文頭) にある wh 要素 *kas* は，dikhla の目的語の位置から CP1 指定部を経由している。ルーマニア語の wh 語は，英語とは異なり，CP1 のコピーが削除されず，CP1 指定部に顕在的に存在する。

(11) のドイツ語 (方言) では，従属節が 2 つ連続している[33]。

(11)　[$_{CP3}$ *Wen* glaubst du, [$_{CP2}$ *wen* Peter meint, [$_{CP1}$ *wen* Susi heiratet]]]?
　　　[Who believe you [who Peter thinks [who Susi marries]]]?
　　　'Who do you believe Peter thinks that Susi is marrying?'

wh 要素 *wen* は，CP1 指定部，CP2 指定部，さらに文頭，すなわち主節 CP3 指定部の位置に顕在的に現れている。つまり，ドイツ語 (方言) では，3 つの wh コピーが顕在的に表れる。

(12) はアフリカーンス語の例だが，こちらも従属節が 2 つ続く文である[34]。

のような文は短距離 wh 移動のみで派生される。

32　McDaniel (1989, p. 569, fn.5)

33　Felser (2004, p. 563)

34　Plessis (1977, p. 725)

(12)　[$_{CP3}$ *Met wie* het jy nou weer fese [$_{CP2}$ *met wie* het Sarie gedog
[$_{CP1}$ *met wie* gaan Jan trou]]]?
[With who have you now again said [with who has Sarah though
[with who go John marry]]]?
'To whom did you say again Sarah thought John would get married?'

wh 句である *met wie* は，2 つの埋め込み文（CP1 と CP2）の指定部から文頭（CP3）に移動している。こちらも 3 か所に wh コピーが残されている。

以上のように，言語によっては，生成文法理論から予測できる証拠が顕在的に観察できる。しかし，英語の長距離 wh 疑問文の場合（例：What do you think Mary bought?）は，埋め込み節の CP 指定部に wh 要素は顕在化しない。その場合，実際に wh 要素は非顕在的な（音形を持たない）状態でコピーがそこに存在しているのか，またはコピーそのものが存在していないのかはっきりしない[35]。そこで，英語の第一言語習得のデータを見てみよう。

5.2　第一言語習得

母語として英語を習得中の子どもでも，2 〜 3 歳までに長距離 wh 疑問文を理解し，産出する[36]。しかしながら，大人の英文を真似ただけとは思えない誤りも産出する。たとえば，AJ と呼ばれる少年（年齢：5 歳 4 ヶ月）は（13）のような英文を産出したと報告されている[37]。

(13) a. **How much* do you think [*how much* the bad guy stole]?
b. **Which* drink do you think [*what* the ghost drank]?
c. **What* do you think [*how* the boy paddled the boat]?

（13a）は，元々動詞 stole の目的語の位置にあった *how much* を，（14）のようにまず CP1 指定部に移動し，そこからさらに主節の CP2 指定部に移動さ

35　世界の言語を見ると，埋め込み節の CP 指定部に wh コピーが顕在化しない方が（言語の経済性の観点からも）一般的である。

36　Crain & Thornton (1998), Guasti (2002), Thornton (1990, 1995)

37　Thornton (1995)

せている。本来なら *How much* do you think the bad guy stole? と作り出されるはずだが，wh 句 *how much* が，主節の CP2 だけでなく，CP1 にも顕在的に現れている。

(14)　[$_{\text{CP2}}$ *How much* [$_{\text{C}}$ do] you think
　　　　[$_{\text{CP1}}$ *how much* [$_{\text{C}}$ ø] the bad guy stole ~~how much~~]]

(14) の誤りは，英語でも wh 要素は一度に 1 つの節 (CP1 指定部) までしか移動できないことを示している。つまり，子どもの wh 移動にも (8) の PIC を前提とした移動が機能しているということである。本来，大人の英語においては CP1 指定部の wh 要素は顕在的には産出されないので，wh 要素が CP1 を経由しているかわからないが，子どもの発話では wh 要素が顕在的に現れることから，大人の場合も非顕在的な発音されない wh 要素が CP1 の指定部に存在している証拠だと考えられる。

さらに，(13b) は *Which* drink do you think the ghost drank? と発話すべきところだが，(15) のように CP1 の位置に wh 要素が顕在的に現れている。

(15)　[$_{\text{CP2}}$ *Which* drink [$_{\text{C}}$ do] you think
　　　　[$_{\text{CP1}}$ *what* [$_{\text{C}}$ ø] the ghost drank ~~which drink~~]]

(14) と比較して興味深い点は，CP2 の wh 要素と CP1 の wh 要素が異なることである。これは少なくとも CP1 指定部の位置に wh 演算子 (wh-operator) が存在することを意味している[38]。つまり，AJ はこの wh 演算子を音形として顕在化させてしまう際に，演算子の典型的音形である *what* を利用したと思われる。

(13c) の場合は (16) のような構造を持ち，CP1 指定部に wh 要素 *how* が音声化されている。また，主節の CP2 指定部に wh 演算子が移動しているが，誤って典型的な音形である *what* が産出されたと考えられる。

38　wh 演算子とは，ある節を wh 疑問文にする構成素のことであり，音形を持つ (顕在的な wh 要素がある) 場合と持たない (wh 要素が非顕在的) な場合がある。

（16）　[$_{CP2}$ *What* [$_{C}$ do] you think

[$_{CP1}$ *how* [$_{C}$ ø] the boy paddled the boat ~~how~~]]

以上のように，子どもが長距離 wh 疑問文を産出する際にも，PIC に従った wh 移動（copy）を利用しているという証拠が見られる。

5.3　第二言語習得

第二言語習得においても，wh コピーの証拠はしばしば観察されている。日本語母語話者である大学生を対象に Who do you think loved Mr. Yellow? という文を産出させようとした実験では，（17）のような wh 疑問文が誤って産出された[39]。

（17）a.　* *What* do you think *who* loved Mr. Yellow?

b.　[$_{CP2}$ *What* [$_{C}$ do] you think [$_{CP1}$ *who* [$_{C}$ ø] ~~who~~ loved Mr Yellow]]

これは（16）と同じ現象だと思われるが，派生の中間段階である CP1 指定部に *who* が顕在的に現れ，主節の CP2 指定部に wh 演算子は移動しているが，誤って典型的な音形である *what* が利用されていると見られる。

また別の実験では，日本語を母語とする大学生に Whose present do you think he likes best? のような wh 随伴（pied-piping）の疑問文を産出させようとしたが，（18）のような英文が産出されたと報告している[40]。

（18）a.　* *Whose present* do you think *whose presen*t he likes best?

b.　* *Whose* do you think *present* he likes best?

このような第二言語習得における誤りも，PIC にしたがい wh 移動が行われていることを示している。（18a）の場合，wh 要素である *whose* は，（19a）のように名詞 *present* を伴ったまま，主節の CP2 と埋め込み節の CP1 において

39　Wakabayashi & Okawara（2003）

40　Yamane（2003, pp. 52–53）

も顕在的な音形として現れていると考えられる。また(18b)の場合は，(19b)のように，主節の CP2 指定部と埋め込み節の CP1 指定部にはコピーが存在し，本来であれば CP1 指定部のコピーを present とともに削除されるすべきところを，whose だけが削除され，CP2 指定部では随伴した present だけが削除されたと説明できる。

(19) a.　$[_{\text{CP2}}$ *Whose present* $[_{\text{C}}$ do] you think
　　　　$[_{\text{CP1}}$ *whose present* $[_{\text{C}}$ ø] he likes ~~whose present~~ best]]
　　b.　$[_{\text{CP2}}$ *Whose* ~~*present*~~ $[_{\text{C}}$ do] you think
　　　　$[_{\text{CP1}}$ ~~*whose*~~ *present* $[_{\text{C}}$ ø] he likes ~~whose present~~ best]]

本節では，世界の言語，第一言語習得，第二言語習得の順に，様々な言語が普遍的法則にしたがっているのか検証してきた。結果として，異なった言語でも，共通する移動（コピー）と PIC が観察され，さらに子どもの第一言語の誤りや第二言語習得の誤りからも，wh 要素の移動とコピー操作の存在が確認された。

6.　おわりに

本章では，文がどのように生成されるのか検討し，文の創造には「法則(文法)」が必要であることを述べた。そして，その「文」を想像する法則を研究する生成文法の考え方及び文法操作「wh 移動（コピー）」とそこに働く PIC について概観した。それらをもとに，世界の言語，そして第一言語習得と第二言語習得の誤りを比較し，それぞれが PIC 下で機能する wh 移動が関わっていることを見た。結果として，第二言語習得にも生成文法が仮定する文法操作や条件が機能していると考えられる。

【外国語教育に関わる人が知っておくべきポイント】

・「誤り」にこそヒトの言語能力が垣間見られる。そして，第二言語の発達段階を示す重要な手掛かりにもなる。
・第二言語学習者が産出する文法の誤りは，自然言語の観点から見れば「誤り」ではない。つまり，中間言語として成立する自然言語である。そのことを英語教師は理解しておくべきであろう。

- 学習者の「誤り」が何を意味しているのか，模倣のミスなのか，自然言語の法則による誤りなのか，語用的な誤りなのかなどを考えるためにも，英語教師は言語学からの視点を持つべきである。
- 何が普遍的で何が後天的に学ぶべきものかを見極めることで，外国語学習の効率化を図れる可能性がある。

【執筆者から読者へのメッセージ】

今回は，言語学の中でも生成文法の視点からさまざまな自然言語を見てきたが，生成文法の近年のフレームワークにもとづけば，UG だけでなく第二要因や第三要因の関与を前提とし（第 3 節参照），「刺激の貧困」の問題解決へ向けて様々な言語学やその他の研究分野からのアプローチが可能になるはずである。たとえば，本章で扱ってきたような言語現象に対して，場面や共同注意がどのように働いているのか，これから異分野間で協力し合いながら建設的議論できると考えると筆者はとても楽しみである。

参照文献

Cherniak, C. (1994). Philosophy and computational neuroanatomy. *Philosophical Studies, 73*, 89–107. https://doi.org/10.1007/BF01207659

Cherniak, C. (2005). Innateness and brain-wiring optimization: Non-genomic nativism. In A. Zilhão (Ed.), *Evolution, rationality and cognition* (pp. 103–112). Routledge.

Chomsky, N. (1970). Remarks on nominalization. In R. Jacobs & P. Rosenbaum (Eds.), *Readings in english transformational grammar* (pp. 184–221). Ginn.

Chomsky, N. (1972). *Language and mind* (enlarged edition). Harcourt Brace Jovanovich.

Chomsky, N. (1986). *Knowledge of language: Its nature, origin, and use*. Prager.

Chomsky, N. (2000) Minimalist inquiries: The framework. In R. Martin, D. Michaels, & J. Uriagereka (Eds.), *Step by step: Essays on minimalist syntax in honor of Howard Lasnik* (pp. 89–155). MIT Press.

Chomsky, N. (2001). Derivation by phase. In M. Kenstowicz (Ed.), *Ken Hale: A life in language* (pp. 1–52). MIT Press. https://doi.org/10.7551/mitpress/4056.003.0004

Chomsky, N. (2004). Beyond explanatory adequacy. In A. Belletti (Ed.), *Structures and beyond: The cartography of syntactic structures, Volume 3* (pp. 104–131). Oxford University Press.

Chomsky, N. (2005). Three factors in language design. *Linguistic Inquiry, 36*(1), 1–22.

https://doi.org/10.1162/0024389052993655
Crain, S., & Thornton, R.（1998）. *Investigations in universal grammar: A guide to experiments on the acquisition of syntax*. Cambridge University Press.
Felser, C.（2004）. Wh-copying, phases and successive cyclicity. *Lingua, 114*（5）, 543–574. https://doi.org/10.1016/S0024-3841（03）00054-8
Guasti, M. T.（2002）. *Language acquisition: The growth of grammar*. MIT Press.
原口庄輔・中村捷・金子義明（編）（2016）.『チョムスキー理論辞典 増補版』研究社.
Hornstein, N., Nunes, J., & Grohmann, K.（2005）. *Understanding minimalism*. Cambridge University Press. https://doi.org/10.1017/CBO9780511840678
Langacker（1987）. *Foundations of cognitive grammar: Vol.1 Theoretical prerequisites*. Stanford University Press.
McDaniel, D.（1989）. Partial and multiple wh-movement. *Natural Language and Linguistic Theory, 7*, 565–604. https://doi.org/10.1007/BF00205158
村杉恵子（2014）.『ことばとこころ―入門 心理言語学―』みみずく舎.
中島平三（2016）.『島の眺望―補文標識選択と島の制約と受動化―』研究社.
Pinker, S.（1994）. *The language instinct*. William Morrow & Company.
Plessis, d. H.（1977）. Wh movement in Afrikaans. *Linguistic Inquiry, 8*（4）, 723–726.
Ross, J. R.（1967）. *Constraints on variables in syntax*. [Unpublished doctoral dissertation]. MIT.
Selinker, L.（1972）. Interlanguage. *International Review of Applied Linguistics in Language Teaching, 10*（3）, 209–231. https://doi.org/10.1515/iral.1972.10.1-4.209
塩谷英一郎（2002）.「認知言語学 vs. 生成文法―科学論的一考察―」『帝京大学文学部紀要. 米英言語文化』*33*, 151–171. https://cir.nii.ac.jp/crid/1050564287929951488
白畑知彦・冨田祐一・村野井仁・若林茂則（2019）.『英語教育用語辞典 第 3 版』大修館書店.
杉崎鉱司（2015）.『はじめての言語獲得―普遍文法に基づくアプローチ―』岩波書店.
Thornton, R.（1990）. *Adventures in long-distance moving: The acquisition of complex wh-questions*. [Unpublished doctoral dissertation]. Storrs, Connecticut: University of Connecticut.
Thornton, R.（1995）. Referentiality and *wh*-movement in child English: Juvenile *D-Link*uency. *Language Acquisition, 4*（1/2）, 139–175. https://doi.org/10.1080/10489223.1995.9671662
Tomasello, M.（1999）. *The cultural origins of human cognition.* Harvard University Press.（大堀壽夫・中澤恒子・西村義樹・本多啓（訳）（2006）.『心とことばの起源を探る―文化と認知―』勁草書房.）
Wakabayashi, S., & Okawara, I.（2003）. Japanese learners' errors in long distance wh questions. In S. Wakabayashi（Ed.）, *Generative approaches to the acquisition of English by native speakers of Japanese*（pp. 214–245）. Mouton de Gruyter.
Yamane, M.（2003）. *On the interaction of first language transfer and universal grammar in adult*

second language acquisition: Wh-Movement in 440 L1-Japanese/L2-English interlanguage [Unpublished doctoral dissertation]. Storrs, Connecticut: University of Connecticut.

4

第二言語習得における英語代名詞の解釈

―インプットと普遍文法の関わり―

白畑知彦

1. はじめに

本章では，第二言語（L2）を教室場面で学習するという，質，量ともに限られた言語インプットしか受けていない学習者であってさえも，人に備わっている生得的な言語習得能力を利用して，インプットには存在しない言語知識を身につけることができることを論じる。そして，「L2 習得理論」を構築しようとするのであれば，必ずこの生得的言語習得能力への言及がなければ，その理論は不十分なものとなることも強調する。

ある言語の母語話者は，当該言語を使用して無限に文を生成することができる。今まで一度も聞いたことのない文の意味も容易に理解できる。文法的に不適格な文を読んだり聞いたりすれば，それらが正しくないとわかる。なぜ正しい言い方ではないのかは理屈では説明できないかもしれないが，正しくないと感じる文をどのように直したらよいかは指摘できる。そのような誤りへの修正方法は，学校の国語（母語）の時間などで一度も習ったことはないが，指摘はできる。誰からも明示的に教えてもらうことがなかったにもかかわらず，ヒトは誕生から数年間という短期間で，少なくとも言語（文法）を 1 つ習得してしまう。しかも，その時期は，一般的な認知能力が依然として十分に発達していない時期なのである。幼児が言語の複雑な文法規則を短期間で習得してしまうのは驚異的な芸当であると言える。

Noam Chomsky は，言語習得が可能なのは，それを手助けしてくれる能力をヒトは先天的に備えて生まれてくるからだと唱えた[1]。この生得的言語習得

1 Chomsky（1995），若林・白畑・坂内（2006）などを参照されたい。

能力を利用して，言語インプットを処理するために，幼児は複雑な規則の体系を持つ言語を短期間で習得できるというのである。我々の頭の中は言語に関し何もない状態で生まれてきて，親の話すことばの真似をしながら，次第に発話のレパートリーを増やしていくわけではないということだ。

では，大抵の場合，母語が身についた後に学習を開始する，つまりある程度，年齢が高くなってから学習を開始するL2の際にも，母語習得時と同様に生得的言語習得能力を利用することが可能なのであろうか？さらに，L2との接触量が極めて限定的となる「教室で学ぶ状況」の場合にも，この生得的言語習得能力は力を発揮できるのであろうか？つまり，日本語を母語とし，日本の教室で英語を学習する人たち（Japanese learners of English：JLEs）にも生得的言語習得能力が利用できるかどうかという問いである。

筆者は，L2習得の際にも，基本的に学習者は生得的言語習得能力を利用していると考える。そして，教室環境の場合であってさえも，その能力は何らかの形で影響を与えていると考える。逆に，生得的言語習得能力が利用できなくなっているのであれば，不十分な言語インプットしか受けられないにもかかわらず，他のどんな力を借りてL2を習得していくのであろうか，筆者には疑問である。

「言語」というものをどのように定義づけるかにもよるが，ヒトの言語は動物が仲間に送る合図のようなものとは本質的に異なる。我々の持つ言語能力はヒトという生物種に固有のものである。そのような特性を持つ言語の習得を研究することは，人間のこころの構造と機能を探求する認知科学の重要な側面を担っている。母語習得同様，L2習得は人間のおこなう認知活動の1つであり，その研究から得られる知見は，ヒトがヒトとして成立している条件の解明に寄与するものと考える。

2.　背景知識

Chomskyは，言語習得（母語習得）をおこなうための生得的能力を普遍文法（Universal Grammar：UG）と名づけた。言語の習得は，普遍文法と言語経験（言語インプット）の相互作用によって行われるとするのが，この生得的立場に立つ言語習得観である。一般的な認知能力がかなり劣っている人であっても，いくつもの言語を習得できるという事実からも，言語能力は他の認知能力を司る能力とは直接的には関連しない，独立したモジュールを構成していると考えられる[2]。人間の文法能力は，記憶能力，空間認知能力，算数・数学の計算能力などの能力とは直接的には関連しない，独立したモジュールをなしていると捉えるのである。

生得的に備わったものであるならば，UG はあらゆる人間言語に対応できるものでなくてはならない。したがって，それは内容的な豊富さと抽象性の両方を兼ね備えていなければならない。そして，生成文法理論に基づく言語習得理論では，母語習得に関して幼児が周囲で話されることばを聞いたり，模倣したりすることからだけでは習得されるとは思われない言語知識までも身につけられるようになることを重要視している。それでは，我々が直接的に受ける言語インプットはどのような性質を持っているのであろうか，以下で考察することにしよう。

2.1　母語習得における論理的問題

我々は言語インプットを受けなければ，いかなる言語の習得も不可能となる。母語習得において，言語インプットに基づき，幼児は文法を身につけていくことになるが，幼児が受ける言語インプットには次のような特徴がある。

(1) a.　言語インプットは文法の最終的な状態に対して不十分な決定しかできない（決定不全）
　　b.　言語インプットは質的に不十分な場合がある（不完全性）
　　c.　言語インプットには否定証拠は含まれない（否定証拠の欠如）

(1a) の決定不全とは，幼児が習得する母語の言語知識が，言語インプットとして受け取る内容以上のものからできあがっているという意味だ。例をあげる。(2) に掲載する再帰代名詞（照応形）がどの名詞句を指すことができるか，できないかの具体例を見ながら，このことを考察しよう[3]。

2　若林・白畑・坂内 (2006)
3　(2) は，White (1989, 千葉他訳 1992: 12) より引用。

(2) a. $John_i$ saw $himself_i$.
b. *$Himself_i$ saw $John_i$.
c. Looking after $himself_i$ bores $John_i$.
d. *$John_i$ said that Fred liked $himself_i$.
e. John said that $Fred_i$ liked $himself_i$.
f. John told $Bill_i$ to wash $himself_i$.
g. $John_i$ promised Bill to wash $himself_i$.
h. *$John_i$ believes that $himself_i$ is intelligent.
i. $John_i$ believes $himself_i$ to be intelligent.
j. $John_i$ showed $Bill_j$ a picture of $himself_{i/j}$.

後ほど詳述することになるが，概略，英語の再帰代名詞は「同じ節の中に先行詞，つまり，同一指標的な名詞句，を持たなくてはならない」という制約がある[4]。しかし，その制約を成り立たせるためには，同一指標がどのような場合に成り立ち，どのような場合には成り立たないかという構造条件が必要となる。文中の名詞句に付加された「i」は「同一指標」を指す。「*」はその文が文法的に不適格であることを表している。

(2a) と (2b) から，英語の再帰代名詞は先行詞となる名詞句の後に来なければならないことがわかるが，(2c) を見ると，必ずしもそうでないこともわかる。(2a) (2d) (2e) より，再帰代名詞は先行詞と同一節内になければならないようであるが，(2f) よりそうでないこともあることがわかる[5]。(2i) より再帰代名詞は非定形の埋め込み節の主語の位置に現れることができるが，(2h) から定形節 (that 節) ではそれが許されないことがわかる。(2d) (2e) (2f) より，再帰代名詞のもっとも近くにある名詞句が先行詞になるようであるが，(2g) からは必ずしもそうでないこともわかる。また，構造条件に

4　同一指標とは，人称，性，数が同一のものを言う。

5　(2f) の文は，John told Bill [PRO (= Bill) to wash himself]. という統語構造を持っており，最小の節は [PRO to wash himself] になるためである。PRO (ラージ PRO とかビッグ PRO と呼ばれる) というのは，「非定形動詞の音形を持たない代名詞」のことであり，本文の場合は Bill と同一指標を持つことになる。英語では，不定詞や動名詞の主語の位置に生じる音形のない形がこの PRO にあたる。一方，項の省略が許されるイタリア語などの主語位置に現れる音形を持たない代名詞を pro (スモール pro) と呼ぶ。

よっては (2j) のように，2 つ以上の先行詞が可能になる場合もあるが，(2d) (2e) (2f) (2g) からは，そうでない場合もあることがわかる。

以上の事実より，再帰代名詞とその先行詞の間には極めて複雑な同一指標に関する成立条件のあることがわかる。母語を習得する幼児は，再帰代名詞とその先行詞の間にあるこのような条件をすべて知るようになるが，その際，再帰代名詞に関わる言語インプットがある度に，1 つ 1 つの規則を積み上げるようにして覚えていくのであろうか？記憶力の面からもそれは考えにくい。

そもそも，日常の会話において，(2) で示した再帰代名詞の含まれる構造を大人が産出することはさほど多くはないし，(2b) (2d) (2h) などの構造は，文法的に誤りであり，大人の発話の中には存在しない文であり，幼児が耳にする可能性はゼロである。つまり言語インプットからの情報が決定不全であるにもかかわらず，短期間で幼児は再帰代名詞と先行詞に関わる構造条件を身につけてしまうということは，幼児は最終的に習得する言語知識を言語インプットのみに頼っていない証である。再帰代名詞がどの名詞句を先行詞として取って良いか，またはいけないかについての知識は，基本的に生得的な知識として与えられており，再帰代名詞についてのわずかな言語インプットさえあれば，大部分においては誰かから習う必要のない知識なのだ。

次に，(1b) の言語インプットの不完全性について論じる。これは，幼児は数年で文法をほぼ完全に習得してしまうのであるが，それに比べると彼らが耳にする言語インプットは，完璧なものからは程遠いという意味である。両者には歴然とした質的な差がある。つまり，幼児の言語インプットの供給源である周囲の大人の発話は，正しく文法的に幼児に話しかける場合はもちろんあるが，比較的頻繁に言い間違いをしたり，言おうとする話を途中でやめてしまったり，ある話の途中で別の話を思いつき，統語構造を途中で変えてしまったりする場合もよくある。幼児にとって，耳にするどの部分が文法的で，どの部分が非文法的であるのか即座に判断できない場合も生じる。よって，よほどのチャンク的な表現（つまり，挨拶などの決まりきった固定表現）の習得を除けば，不完全性を伴う言語インプットだけでは，幼児が習得しようとする文法の規則を導き出すことは難しいということである。

最後に，(1c) の否定証拠の欠如について論じる。幼児の受ける言語インプットは，肯定証拠が基となっている。肯定証拠とは，学習者がある文法形式が適格であるという情報を取り込んで，それを文法習得の証拠として用いた時，その情報のことを指す。したがって，学習者が他者の発話から「このように言う」という文法規則についての情報を得るような場合，学習者は肯定証拠を利用していることになる。一方，ある文法形式が不適格であるという情報を取り込んで，それを文法習得のための証拠として用いた時，そういった情報を否定証拠と呼ぶ。つまり，「このようには言わない」という情報が，言語習得につながるような場合，学習者は否定証拠を言語習得に取り込んでいると言う。

母語を習得する幼児の周りにいる大人たちは，当該幼児の発する文法的誤りを滅多に訂正したりしないし，また誤りについて明示的に教えたりしないことが多くの観察や実験によって明らかにされている[6]。また，たとえ，幼児が産出した誤りをその場で幼児に向かって訂正したところで，大抵の場合，幼児はそのような訂正を無視してしまうことも明らかになっている。親から訂正されたその場では，親と同じ言い方をして適格に言えた場合でも，ほんの1時間もすれば，また以前と同じ誤りを繰り返しているのが一般的である。このように，少なくとも母語習得では，否定証拠は決定的な役割を果たさないことが明らかとなっている[7]。

以上の論考から，幼児の言語インプットは，あらゆる言語使用の場面を網羅しているとは考えにくく，親子での日常会話が中心であるため，構造的にも複雑ではなく，幼児が習得すべきすべての統語構造を万遍なく網羅していない。幼児の受ける言語インプットは，周囲から取り込む肯定証拠にほぼ限られ，否定証拠は使用されない。質，量ともに十分だとは言えない言語インプットを受けているにもかかわらず，生後数年間という短期間で，幼児が理解し発話できるようになる言語構造は，複雑で有機的な体系をなし，抽象度も高く，文法に固有の属性も含まれている。言語インプットと幼児が最終的に習得する言語知識の間には大きな隔たりがあるのである。

言語習得における言語インプットと，身につける言語知識との間の隔たり

6 白畑・若林・須田（2004）
7 白畑（2021）

はなぜ起こるのかという問題は，「言語習得における論理的問題」とか，哲学者プラトンの言葉に基づいて，「言語習得におけるプラトンの問題」とも呼ばれている[8]。Chomsky は，幼児が受ける言語インプットと幼児の未発達な一般認知能力との相互作用だけではこの問題を説明できないと考え，生得的な言語習得能力である UG を提唱した。しかし，ここで注意すべきことは，UG を仮定しても，言語習得において言語インプットが何ら重要な役割を果たさないというわけではないことである。UG 理論の述べることは，言語習得において，言語インプットは必要不可欠なものであるが，幼児が受ける完璧ではない言語インプットだけからでは，彼らが最終的に身につける豊富な内容の言語知識について十分に説明し切れていないということである。

幼児が母語を習得する際，外界からの肯定証拠のみに触れて母語習得がおこなわれるにもかかわらず，幼児は不適格な構造を聞かされると，それは不適格だと答えられるのは，UG が人間言語として脇道にそれず適切な構造となるよう，習得に制約を与えて導いてくれるからだと考える。幼児は UG を基に，周囲で話される言語のインプットを参考資料として，母語の文法を構築していく。そして，周囲から得られる言語インプットに含まれる内容以上のことが身につくのは，UG が大きく関与しているからであり，それは言語習得の論理的問題への回答ともなる。

2.2　L2 習得における論理的問題

L2 習得でも論理的問題が生じる。L2 学習者も，周囲からのインプットだけでは身につけたとは思われない L2 の知識を身につけている証拠を本章で紹介する。L2 学習者が身につけた知識が，類推の理論[9]からでは説明がつかない知識であり，かつ，人間言語では認められていない文法規則を排除できる制約を持つものであれば，L2 習得の際にも UG が機能していると考えられる。母語習得において，幼児が受ける言語インプットには，決定不全，不完全性，否定証拠の欠如という 3 つの特性があることを上記で考察した。以下では，言語インプットに関わるこの 3 つの特性は，L2 習得においても当

8　白畑・冨田・村野井・若林 (2019)
9　白畑・冨田・村野井・若林 (2019)

てはまることを論じる。

2.2.1　L2 習得におけるインプット決定不全

L2 習得でも，論理的問題が存在することを支持するには，L2 のインプットが，学習者の身につける文法知識を決定するには不十分であることを明らかにする必要がある。まず，L2 が周囲で話されている自然な習得環境を考えてみたい。この環境で L2 学習者が受けるインプットの中には，本章で扱う代名詞（そして，再帰代名詞）の解釈や，wh 語の移動制約などに役立つ特別な情報が組み込まれているとは考えにくい。つまり，母語を習得する幼児が耳にする言語インプットと何ら変わることなく，L2 のインプットも決定不全なのである。この点において，両者は質的に同じで，どちらも不十分な言語情報しか含まれていない性質のものである。UG に関わる言語情報（例：代名詞の解釈や wh 疑問文の移動制約に関わる情報）や，不適格文が不適格であるとする情報が L2 インプットにも含まれていないからである。母語習得時と L2 習得時とで，両者の言語インプットに質的な違いがないならば，母語習得の時に受ける言語インプットが，母語の文法を習得するのに十分ではなかったように，L2 のインプットも L2 の文法を決定するには十分なものでないことになる。このような特徴を持つ L2 インプットであるため，学習者が最終的に身につける L2 の文法知識の内容が，言語インプットから得られる情報よりも，さらに多くの情報を持ち，なおかつ，それらが一般問題解決能力や母語の知識を利用して得たとは考えられないような内容までも含んでいるならば，L2 習得の際にも生得的な言語習得能力（UG）が関与していると言っても過言ではない。

ここで注意すべきことは，たとえ，ある L2 学習者の文法知識が，すべての領域で母語話者と同じレベルにまで到達していない，または到達しなかったからと言って，その学習者には UG が機能していないとは言えないことである。なぜならば，当該母語話者と同レベルに到達していない文法項目が UG の網羅する領域（つまり，言語の核となる文法領域）ではない可能性もあるからだ。たとえば，go の過去形を goed としてしまったり，sheep の複数形を sheeps としてしまったりする場合や，所有格を過剰に使用したりする（例：mountain’s top, desk’s leg）誤りなども，UG の原理とは直接関連のない誤りである。

また，当該 L2 学習者の言語能力の調査時には何らかの理由（たとえば，関係する統語構造が十分には習得されていないため）により，調査している UG の原理が機能していないように見えたが，その後，学習者の習熟度が十分に向上したため，関連する UG が機能するようになる可能性も考えられる。したがって，特に，習熟度の高い L2 学習者の文法知識を調査して，その知識には言語インプット以上の知識が含まれているようならば，L2 習得にも論理的問題が存在することになり，UG の存在を仮定しても的外れではないことになる。

2.2.2　L2 習得における不完全性の問題

母語習得と同様に，L2 習得者が受けるインプットにも，やはり不完全性があると考えられる。自然な習得環境にいる L2 学習者は母語習得者と変わらない言語インプットを受けると言ってよい。一方で，教室で学習する L2 学習者に対しては，次のような反論もあるかもしれない。つまり，教師や教科書は不完全な言語インプットを学習者に与えるはずはないから，教室環境での L2 習得者が受けるインプットには不完全性はない。これは，教科書の英文はもちろんのこと，教師が使用する一種独特の話し方であるティーチャー・トークとかフォーリナー・トークと呼ばれる話し方には不完全性がないという主張である [10]。

たしかに，ティーチャー・トークの特徴として，ゆっくりと明瞭で適切なことば遣いがある。当然のことながら，（初級）L2 学習者に使用する語彙や統語構造は，概念的抽象度や複雑性の低いものが中心となる。さらに，ティーチャー・トークを基にした産出文は，文法的に適切に発話される割合が高いであろう。しかし，このような特徴のため，ティーチャー・トークには別の問題が生じる。それは，教師が使用する文法構造が簡単であるにもかかわらず，ティーチャー・トークを中心に受けてきた学習者であってさえも，より複雑な統語構造を習得できるようになる場合が一般的だという事実である。このような事実に関して，生得的な言語習得能力を仮定しない立場

10　鈴木・白畑（2012）や白畑・冨田・村野井・若林（2019）参照。

からは，言語インプットと最終的に身につけられるL2知識との間の隔たりをどのように説明するのであろうか，興味深い。

2.2.3 L2習得における否定証拠

自然環境でL2を習得する学習者ではなく，教室環境で学習する学習者に否定証拠が与えられているかどうかと問われれば，否定証拠にもさまざまな種類があるだろうが，多くの場合，彼らには何らかの否定証拠が与えられていると筆者は答える。つまり，効果があるかないかは別として，学習者が誤りをすれば，それを訂正する教師が大勢いるからである。

ここで考えるべきことは，その与える否定証拠の質である。一般に，どのような否定証拠を教師は学習者に与えているかと言えば，その誤り訂正の多くは，過去形（例：came とするところを come にしている誤りに対して），単数形・複数形（例：three books とするところを three book になっている誤りに対して），前置詞（例：for にすべきところを to としている誤りに対して）などへの誤り訂正ではないだろうか。もちろん，このような誤り訂正のおかげで，当該文法項目の習熟度が加速していく可能性はある。

しかし，教師からの文法訂正がUGの原理の利用可能性とどの程度関連しているかは疑問である。なぜならば，まず第1に，UGの原理に関連する文法項目を，教師が授業中に教えている可能性が極めて低いからである。たとえば，本章と関連する束縛理論（後述）に関して言えば，代名詞の he/him が誰を指し，誰を指すことができないかなどは，これも後述もするが，教科書には記載されておらず，授業で教える教師もほぼ皆無であろう。さらに，あらゆる文法項目に対して，教師がすべて一律に適格文と不適格文を提示し，何が誤りで何が誤りでないかを学習者に指摘するとは到底考えられない。しかも，そういった訂正が習得に結びつくためには，訂正は1回限りで終わるのではなく，一般的には何度も繰り返して教示する必要がある。このような繰り返しの誤り訂正は，その労力の点から言っても不可能に近い。また仮に，同一文法項目に対して繰り返して否定証拠を与えたとしても，学習者が常にその指摘に注意し，かつ，身につけられるようになるには時間がかかる。

2.3　束縛理論

本節では，UG の一部であると仮定されている束縛理論について論じる。具体例をあげることから始める。一部は前述したが，(3a) において，himself は John と同一指示指標を持つことができるが，him になるとそれは許されない。(3b) において，himself は Ken を先行詞とすることができるが，John を先行詞とすることは許されない。一方，him は John を先行詞とすることができるが，Ken は許されない。(3c) では，himself は PRO (=Ken) を先行詞とすることができるが，John は許されない。一方，him は PRO (=Ken) を先行詞とすることはできないが，John を先行詞とすることは許される。

(3)　a.　$John_i$ hit $himself_i$/him_{*i}.

b.　$John_i$ said that [Ken_j hit $himself_{*i/j}$/ $him_{i/*j}$].

c.　$John_i$ told Ken_j [PRO_j to protect $himself_{*i/j}$/$him_{i/*j}$ from drunk driving].

生成文法理論は，代名詞や再帰代名詞などの照応表現が，「誰を指すことができ，誰を指すことができないか」を規定するために，束縛理論という概念を導入した[11]。よって，束縛理論は，再帰代名詞などの照応形，he や she などの代名詞，John や Mary などの指示表現，空範疇の分布を束縛関係に基づいて決定する役割を果たす[12]。束縛理論は (4) で示す 3 つの束縛原理から成り立っている。「自由」とは，「束縛されていない」と同義である。また，「束縛」とは (5) のように定義される。さらに，「c 統御 (または，構成素統御」の概念は (6) のように定義される。

(4)　束縛原理

原理 A：照応形はその統率範疇内で束縛されていなければならない。

原理 B：代名詞はその統率範疇内で束縛されてはいけない。

原理 C：指示表現は自由でなければならない。

11　Chomsky (1995), 原口・中村・金子 (編) (2016) など

12　空範疇とは音声内容を持たない範疇のことである。名詞句について言えば，代名詞的照応形の PRO，空の代名詞の *pro*，照応形の NP 痕跡，変項の wh 痕跡の 4 種類がある。詳しくは，原口・中村・金子 (編) (2016) などを参照されたい。

(5)　束縛
次の条件を満たすとき，α は β を束縛する。
(a) α が β を c 統御し，
(b) α と β が同一の指示指標を持つ。

(6)　c 統御
次の条件を満たすとき，α は β を c 統御する。
(a) α が β を支配せず，
(b) α を支配する最初の枝分かれ節点が β を支配している。

α, β は基本的に「名詞句」ということになる。「支配する」とは，句構造上，α が β よりも上位に位置する場合である。そのような関係の時に「α は β を支配している」と言う。このことを (7) に示す。(7) で，DP (determiner phrase, 限定詞句) の Ken's father は，N_3 の himself を c 統御していると言える。しかし，N_1 の Ken は N_2 の father を c 統御してはいるものの，N_3 の himself を c 統御できる位置にはない。つまり，c 統御する要素は，c 統御される要素よりも，句構造上で上位に位置するか，少なくとも同位置要素でなければならない。c 統御という概念が考案されたのは，句構造上での優位関係を明確にするためである[13]。

(7)　c 統御

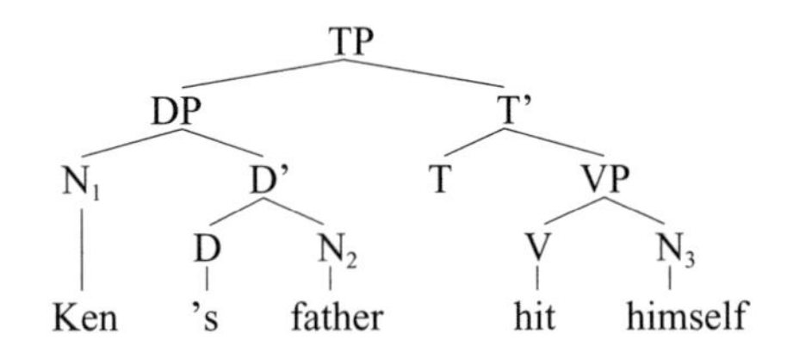

束縛原理 A の言うところは，照応表現は統率範疇と呼ばれる一定の領域内で束縛されていなければならないということである。束縛原理 B は，代名詞は統率範疇内で束縛されてはならないということである。束縛原理 C

13　白畑 (2006)，若林・白畑・坂内 (2006)

は，指示表現はいかなる場合でも自由でなければならない，すなわち，いかなる領域でも束縛されてはならないと規定している。そして，統率範疇とは「当該の照応表現が含まれる最小の節」だと定義しておく[14]。

2.4　束縛原理と英語の代名詞

束縛原理を基に，(8) に載せる英文での代名詞の解釈について考察する。(8a) であるが，束縛原理 B で規定されているように，代名詞は統率範疇内で束縛されてはいけないため，him は John を先行詞（同一人物）として取ることができず，「him ≠ John」が成り立つ。よって，him は John 以外の男性を指すことになる。(8b) は，時制のある従属節（that 節）のある文であるが，統率範疇は [Ken hit him] であり，その範疇外にある John は him の先行詞になりうる[15]。(8c) は非定形節の to 不定詞節を持つ文で，この統率範疇は [PRO to respect him] であり，この文の PRO が誰を指すかと言えば Ken を指しているため，him の先行詞にはなれない。よって，John が him の先行詞となる。(8d) は，主節と従属節が倒置した形であり，元の形は，John met Ken when he went to Kyoto. である。統率範疇は [he went to Kyoto] であり，統率範疇外にある John は he の先行詞となりうる。

(8) a. [John$_i$ hit him$_j$].
  b. John$_i$ said that [Ken$_j$ hit him$_{i/*j}$].
  c. John$_i$ told Ken$_j$ [PRO$_j$ (= Ken) to respect him$_{*i/j}$].
  d. When [he$_i$ went to Kyoto], John$_i$ met Ken.
  e. He$_i$ met Ken when John$_{*i}$ went to Kyoto.
  f. Near Ken$_i$, he$_{*i}$ saw a snake. ⇒ He saw a snake near Ken.
  g. Near him$_i$, Ken$_i$ saw a snake. ⇒ Ken saw [a snake near him].

(8e) の場合に適応するのは束縛原理 C となる。つまり，「指示表現は自由でなければならない」わけで，(8e) の he は John を束縛してしまっている

14　ここでの統率範疇の定義は，本章の L2 習得の説明に困らない程度の大雑把なものであることを記しておきたい。

15　文脈においては John ではない第 3 者（たとえば Taro）を指すこともできる。

ため，束縛原理Cに抵触しJohnはheの先行詞になることができない。(8f)は倒置が起こっている構造で，本来の形式は，He saw a snake near Ken. となる。ここも (8e) と同様で，Kenはheに束縛されているため，heの先行詞となることができない。(8g) もnear himが文頭に倒置されている形であり，元来はKen saw a snake near him. である。さて，ここで考えなければならないのは，この文の統率範疇についてである。実はこの文は，small clause (小節) と呼ばれる構造を持っており，himの統率範疇は文全体ではなく，[a snake near him] の部分となる[16]。よって，束縛原理Bにより，himはこの統率範疇内において束縛されておらず，Kenはその統率範疇外にある名詞句であり，himの先行詞になれるのである。

2.5　日本語の代名詞

日本の教室では，たとえば，英語の代名詞heの日本語訳は「彼は／が」だと教える。同様に，sheは「彼女は／が」だと教える。しかし，heに該当する日本語は必ずしも「彼」ではなく，sheも「彼女」ではないことをここで解説する。まず，「かれ」自体は，奈良時代にはすでに日本語に存在していた。その本来の意味は，「遠くにあるもの」を指す指示代名詞であった。つまり，「あの人」という意味である。「かれ」＝「あの人」なのである。では，「あの人」という言葉は，どういうときに使うことができて，どういうときに使うことができないのか。(9) の具体例を見ながら考察する[17]。

(9)　2人の会社員の会話

a.　英語の例

John: Today, I met an old man. His name is Mr. Matsumoto.

Ken: I don’t know him. Who is he?

b.　日本語の例

太郎：今日，松本さんという御老人に会ったよ。

16　[a snake near him] は，be動詞が欠けているが，a snake was near himと等価な命題内容を含み，a snakeとnear himは主語と述部の関係にある。このように，命題内容を持っているがbe動詞などを表面上は欠いている主語と述部の対を小節と呼ぶ。

17　白畑 (2020)

ケン1：?? 彼は誰？ / ?? 誰，彼は？ / ?? あの人は誰？

ケン2：その人，誰？ / 誰，その人？ / 松本さんって誰？

(9a) は自然な英語での会話である。Who is he? の使い方も問題はない。一方，(10b) の日本語の例からわかるように，he を「彼」と訳すと，非常に不自然な日本語になる。同様に，「あの人」と訳しても不自然になる。このことから，「彼」という言葉は「あの人」と同義であることがわかる。すなわち，「彼」は，話者 ((9b) の場合は，ケン) の知らない人について話す場合に使用すると不自然になるのである。日本語の3人称代名詞「彼」「彼女」は，「話し手にとって既知情報でなければならない」という制約がある。(9a) の和訳の場合，「彼」や「あの人」ではなく，話者が知らない人を言う場合に使用する「その人」と訳すか，he を訳出しないか，または個人名を繰り返すというのが日本語では自然な表現となる。一方で，英語の人称代名詞 he などにはそのような制約はなく (つまり，話し手がその人物について既知であっても未知であってもよい)，その前の会話の話題に出た人物を指す，純粋に代名詞的な用法を持った表現であることがわかる。

それでは，英語の he に当てはまる表現 (代名詞) は，日本語には存在しないのであろうか。言語学の世界で一般に言われることは，(10) からも，日本語の代名詞は「空 (くう)」だということだ。つまり，音声的には表現しない「ゼロ代名詞 (ϕ)」が日本語の代名詞だと言うことである[18]。

(10) a.　John said that [he ate sushi].

b. ??ジョンは［彼が寿司を食べた］と言った。

c.　ジョンは［(ϕ) 寿司を食べた］と言った。

下記 (11) の例から，代名詞とその先行詞の位置関係は，多くは (11a) や (11b) で示すように，先行詞である名詞句 (この場合は，Taro) の方が先に来るが，主節と従属節の倒置が起こり，(11c) のように順番が逆になる場合もある。このような場合も he は Taro を指すことができる。(11c) の英文は

18　神崎 (1994)，白畑 (2006)

(11a) の文を基に，従属節が前に倒置した形であるからである。ただし，(11d) のように，文の最初に来る主節に代名詞がある場合は，束縛原理により，従属節にある人物とは同一人物になることはできない。

(11) a.　Taro met Mary when he went to New York. (Taro = he)
　　b.　When Taro went to New York, he met Mary. (Taro = he)
　　c.　When he went to New York, Taro met Mary. (Taro = he)
　　d.　*He met Mary when Taro went to New York. (Taro ≠ he)

JLEs がここで気をつけなければならないことは，(11c) を日本語に直訳すると，「彼がニューヨークに行ったとき，太郎はメアリに会った」となり，「太郎」と「彼」が同一人物にはならないような日本語訳になってしまうことだ。逆に，(11d) を直訳すると，「太郎がニューヨークに行ったとき，彼はメアリに会った」となり，今度は「太郎」と「彼」が同一人物でも違和感のない訳になってしまう。しかし，これはあくまでも，そのまま日本語に変換したときの解釈であって，本来の英文の正しい意味ではない。

普遍文法理論における言語習得理論を L2 習得にも応用すれば，このような日本語と英語の代名詞用法の相違は，普遍文法理論の守備範囲内であるため，教師から明示的に指導を受けなくとも，学習者の英語の習熟度が上がるにつれて (つまり，UG の原理を当てはめる統語構造，例えば，複文構造や to 不定詞節構造の習得が進むにつれて)，理解できるようになることになる。このシナリオに従えば，教室で学習する JLEs であってさえも，習熟度が増すにつれて，誰からも習うことなく，英語の代名詞が誰を指し，誰を指すことができないかを理解できることになる。

2.6　教科書での統語構造の出現回数

英語の代名詞がどのような構文の中に出現しているのかを分析してみたい。具体的には，本章と関係する，(12) で示す 7 つのタイプが教科書に現れているかどうか調査した。中学校の教科書として『New Horizon English Course：NH』(2021 年度版，東京書籍)，高校の教科書は『CROWN English Communication I & II：C』(2015 年度版，三省堂) を調査した。

（12）　教科書での出現回数

Type 1：John hit him.	3 回（NH 1 回，C 2 回）
Type 2：John said that Ken hit him.	0 回
Type 3：John told Ken to respect him.	0 回
Type 4：When he went to Kyoto, John met Ken.	4 回（NH 2 回，C 2 回）
Type 5：He met Ken when John went to Kyoto.	0 回
Type 6：Near Ken, he saw a snake.	0 回
Type 7：Near him, Ken saw a snake.	0 回

これらの調査結果からわかることは，Type 1 と Type 4（この両タイプでも数回しか使用されていないが）以外の統語構造では，代名詞が使用されている例がまったくないということである。JLEs は教科書では本章の考察対象である三人称単数代名詞の統語構造に関する言語インプットがほぼないということが判明した。したがって，（11）の構造の中で代名詞を正しく解釈できたとしても，それは言語インプットからの影響ではない可能性が高い。

3.　代名詞解釈の実証研究

本節では，JLEs を調査対象者として，筆者がこれまでにかかわった英語の代名詞解釈に関する実証研究を 2 つ紹介する。そして，日本の教室環境でのみ英語を学習する場合であってさえも，JLEs は偶然レベル以上の確率で束縛原理を正しく理解できるようになることを示し，L2 習得にも UG が関与していることを実証的に支持する。

3.1　Shirahata, Yoshimura & Sawasaki（2015）

本実験参加者は，162 人の JLEs（実験群）と 30 人の英語母語話者（統制群）である。実験群は実験時の教育レベル（英語の習熟度レベル）により 3 グループに分けられた。すなわち，中学 3 年生 57 人（グループ A），高等学校 2 年生 63 人（グループ B），そして大学 2 年生 42 人（グループ C）である。誰も束縛原理についての講義を受けたことはない。すべての実験参加者たちは，実験方法，プレテスト，主テストである照応表現テストの書かれている 25 ページに渡る小冊子を渡された（英語母語話者には英文で渡された）。プレテストは語彙テストと英文構造テストからできている。語彙テストは，主テストで使用される15個の英単語を知っているかどうかのテストである。英文構造テストは，主テストで使用される英文構造を理解しているかどうかテストするものである（例：Masaru and Ken are in front of the mirror. Ken is looking at Masaru in the mirror. と，与えられた絵に描かれている2人の登場人物（Ken と Masaru）の所作が，英文と同じか違うかを判断する）。15個の英単語を正しく日本語訳でき，英文構造テストは4問すべてに正解だった者だけが本テスト（照応表現テスト）の調査対象となった[19]。

本調査では真偽値判断タスクが使用された。テスト文は4タイプに分かれているが，Type I と Type II は再帰代名詞に関わる実験問題であるため，本章での説明からは省くことにする。それぞれのタイプには質問が4問用意され，質問数は合計で16問あった。再帰代名詞に関する質問が8問，代名詞に関するものが8問である。実験参加者は，それぞれに提示されている英文の内容と，その隣に絵で表されている動作が一致しているか不一致であるか選ぶタスクをおこなった。したがって，各質問につき，偶然に正解を得る確率は50%となる。登場人物は Ken と Masaru の2人の男の子のみである。

(13)　Shirahata, Yoshimura & Sawasaki (2015) で使用された英文例
Type III: Ken is looking at him.
（絵と文が一致：Ken が鏡の中に Masaru を見ている絵）
Type IV: Ken is looking at him.
（絵と文が不一致：Ken が鏡の中に Ken 自身を見ている絵）

実験結果を表1に示す。この表より次のようなことが言える。まず，グループA（中学生）に関し，Type IV の正答率が低かったことである。つまり，Ken is looking at him. において，him の先行詞は Ken で良いとする JLEs が65%ほどいた。しかしながら，この「不一致」が正解となる質問に対して，英語上級者になるにつれて，その正答率が上昇していった。グループB

19　したがって，元々の実験参加者は200人以上いたのであるが，40人ほど（ほとんどが中学生であった）が実験対象者から外れることになった。

(高校生) は61.1%で，グループC (大学生) に至っては94.1%となり，母語話者の正答率と何ら変わらないレベルにまで到達していた。

表1　Shirahata, Yoshimura & Sawasaki (2015) の実験結果 (%)

グループ	Type III (一致)	Type IV (不一致)
A (n = 57)　中学3年生	70.6	34.7
B (n = 63)　高校2年生	88.1	61.1
C (n = 42)　大学2年生	94.6	94.1
母語話者 (n = 30)	96.7	98.3

一方，英文と絵が「一致」する方のType IIIの正答率は，グループAであっても比較的高い数字を示しており (70.6%)，グループBでは88.1%，グループCでは94.6%となっていた。以上の結果から，単文内のhimの解釈において，大学生レベルの習熟度に到達すれば，誰からも教示されなくても，母語話者と同様の解釈ができるようになることが判明した。

3.2　Shirahata, Yoshimura, Nakayama & Sawasaki (2015)

本研究は，中学1年生から日本の教室で英語を学んできた44名の大学生JLEsと英語母語話者19名を調査対象者として，英語の複文構造における時制節 (that節) と非時制節 (to不定詞節) 内での代名詞と再帰代名詞の解釈について考察したものである。ただし，本章では代名詞の結果のみに焦点を当てる。本実験における大学生JLEsは，彼らのTOEICの得点別に3つのグループに分けられた：初級15名 (TOEIC平均点：515点)，中級14名 (TOEIC平均点：652点)，上級15名 (TOEIC平均点：792点)。代名詞のテスト問題には，文脈を入れた多肢選択質問を採用した。実験参加者全員が短い話を読み (JLEsは日本語で，英語母語話者は英語で)，4つの選択肢の中からもっとも文脈に適していると考える選択肢を1つ選ぶ方式である。例を (14) と (15) に載せる。したがって，各質問につき，偶然に正解を得る確率は25%となる。

(14)　テスト文脈（時制節の例）：
　　ミキ：お母さん，私，学力試験で 100 点取ったのよ，すごいでしょ？
　　母　：おめでとう！やったね。このまま続けてがんばってね！
　　ミキ：担任の先生も私の頑張りをほめてくれたわ。
　　質問文：Miki told her mother that the homeroom teacher praised（1. she 2. her　3. herself　4. Ø）for her test score.

(15)　非時制節（to 不定詞節）の例（テスト文脈は省略）
　　質問文：Mami told her mother to meet her in front of the department store.

結果を表 2 に示す。この表からわかることは，両構造において，初級段階より 80% を超える高い正答率を産出していたことである[20]。この実験においても，偶然の確率以上の割合で，JLEs は正しい照応表現の形式を選べていることが判明し，JLEs は束縛理論を利用しているという仮説を支持する結果を得られた。また，特に初級レベルと中級レベルにおいては，to 不定詞節での代名詞の解釈の方が that 節内での解釈よりも難しかったことも判明した。この非対称性の結果は，JLEs のみならず，他の母語話者を実験参加者にした際の代名詞解釈テスト結果と同じである[21]。

表 2　Shirahata, Yoshimura, Nakayama & Sawasaki（2015）の結果（%）

	that 節	to 不定詞節
初級　(n = 14)	89.3	80.0
中級　(n = 15)	77.1	71.4
上級　(n = 14)	89.3	86.7
英語母語話者（n = 19）	95.6	98.6

どの L2 学習者においても to 不定詞節内での代名詞の解釈の方が難しくなるようだ。なぜこのような非対称性を示すのか。筆者は，L2 学習者の to 不

20　この実験における 1 つの疑問点は，中級学習者として分類した実験参加者群の正答率が，どちらの構造においても初級学習者群の正答率よりも低かったことである。この理由は今もって判然としない。

21　若林・白畑・坂内（2006）を参照。再帰代名詞の解釈でも同様の現象が起こる。

定詞節での解釈の悪さは，to 不定詞構造が持つ統語的複雑さの問題に起因しているのではないかと推量する。時制節では正しい解釈ができるのに，非時制節になると判断が悪くなるのは，to 不定詞節の主語が PRO となり，音形が表出しなくなってしまい，同一節内の主語の判断に迷うからだと考える。

4.　おわりに

本章では，まず母語習得の際には，質，量ともに不十分なインプットしか受けていないことを論じた。次に，L2 習得の際にも同様の不十分な言語インプットしか受けていないことを論じた。そして，教室でしか英語を学習してこなかった者であっても，言語インプットには含まれない文法構造の解釈ができることを，筆者がこれまでにかかわってきた 2 つの実験から得られた実証データを基に考察した。結論として，教室環境における L2 習得であっても，生得的言語習得能力が何らかの形でかかわっていることを強調した。最後に，本章を結ぶにあたり，生得的言語習得能力を考慮に入れない L2 習得理論を構築することは誤りであることを強調しておきたい。

【外国語教育に関わる人が知っておくべきポイント】

・L2 習得には，母語習得時と全く同じ状態であるかどうかはさらに検討する余地があるが，生得的な言語習得能力が何らかの形でかかわっていると考えるのに十分な実証的証拠がある。
・母語習得と同様に，教室での L2 習得でも，「教えたから覚える」「教えたものしか身につかない」「教えた順番に覚えていく」わけではないことをもう一度確認すべきである。
・L2 習得でも，ほぼ無意識のうちに，言語インプットにはほとんど存在しない言語の知識を身につけていくことが確認できる領域がある。

【執筆者から読者へのメッセージ】

教室で教師から教科書を使用して L2 を学習する場合でも，それは我々の脳がおこなう作業であることに変わりはないことを考慮に入れれば，たとえ，文法を明示的に習い，十分な言語インプットが受けられない学習であっても，一定の習得の道筋を外れたような不自然な覚え方はしていかないと考えるべきである。では，不自然ではない，「自然な覚え方」とは何かと言えば，「普遍性がある」「体系的である」ということである。ヒトの使用する言語は非常に精巧にできており，その言語の習得も極めて緻密で体系立っているのである。そう筆者は信じている。

参照文献

Chomsky, N. (1995). *The Minimalist Program.* MIT Press.

原口庄輔・中村 捷・金子義明 (編) (2016).『増補版 チョムスキー理論辞典』研究社.

神崎高明 (1994).『日英語代名詞の研究』開拓社.

白畑知彦 (2006).『第二言語習得における束縛原理—その利用可能性』くろしお出版.

白畑知彦 (2020).「英語代名詞の特徴とその指導法」白畑知彦・中川右也 (編)『英語のしくみと教え方—こころ・ことば・学びの理論をもとにして—』(pp. 75–96). くろしお出版.

白畑知彦 (2021).『英語教師がおさえておきたい ことばの基礎的知識』大修館書店.

白畑知彦 (編著), 若林茂則・須田孝司 (著) (2004).『英語習得の「常識」「非常識」』大修館書店.

Shirahata, T., Yoshimura, N., & Sawasaki, K. (2015). Locality and disjointness in adult second language acquisition. In Hamann, C. & Ruigendijk, E. (Eds.), *Language Acquisition and Development: Proceedings of GALA 2013* (pp. 460–475) Cambridge Scholars Publishing.

Shirahata, T., Yoshimura, N., Nakayama, M., & Sawasaki, K. (2015). Japanese EFL learners' knowledge of coreference in tensed and infinitive constructions. *Studies in English Language and Literature, Vol. 35*, 57–69.

白畑知彦・冨田祐一・村野井仁・若林茂則 (2019).『英語教育用語辞典 第3版』大修館書店.

鈴木孝明・白畑知彦 (2012).『ことばの習得』くろしお出版.

White, L. (1989). *Universal Grammar and Second Language Acquisition.* John Benjamins.

若林茂則 (編著), 白畑知彦・坂内昌徳 (著) (2006).『第二言語習得研究入門—生成文法からのアプローチ』新曜社.

5

第二言語習得における冠詞の習得

—明示的知識と暗示的知識—

スネイプ・ニール

1. はじめに

本章では，第二言語（L2）習得における冠詞の選択には，冠詞選択パラメーター（Article Choice Parameter：ACP）が影響を与えているのではなく，談話の状況に定性（definite）や数（number）などの素性が関係していることを提案する[1]。ACP には，定性と特定性（specificity）という 2 つの設定がある[2]。冠詞と定性・特定性の関係を表 1 に示す[3]。

表 1　言語の比較による冠詞のグループ分け：2 つの冠詞を持つ言語

定性を使う言語（例：英語）

<table>
<tr><th></th><th>+definite</th><th>−definite</th></tr>
<tr><td>+specific</td><td rowspan="2">the</td><td rowspan="2">a</td></tr>
<tr><td>-specific</td></tr>
</table>

特定性を使う言語（例：サモア語）

<table>
<tr><th></th><th>+definite</th><th>−definite</th></tr>
<tr><td>+specific</td><td colspan="2">le</td></tr>
<tr><td>-specific</td><td colspan="2">se</td></tr>
</table>

左側にある定性を用いる英語では，+definite の場合に the が，−definite の場合には a が使われ，右側の特定性を用いるサモア語では，±definite に関係なく，+specific では le が，−specific の場合には se が使われる。

1　Ionin, Ko, & Wexler (2004)。詳しくは本章第 3 節を参照のこと。

2　定性とは聞き手側の知識をもとにした分類方法であり，話し手だけでなく聞き手も知っている場合は＋definite となる（Chafe, 1976）。一方，特定性とは話し手側からの分類方法であり，特定の名詞句を話し手だけが思い描いている場合は +specific になる（Ionin 他, 2004）。

3　Ionin 他（2004, p. 13）を参照のこと。

本章では，冠詞のない日本語と定性を示す冠詞を持つスペイン語のL2学習者を対象に，以下の事項について検証する。

(i)　成人の日本人英語学習者（JLEs）は冠詞の選択が困難である。
(ii)　冠詞選択の難しさには個人差がある。
(iii)　成人のスペイン人英語学習者（SLEs）は，母語（L1）の定性の知識をL2でも使うことができるため，英語母語話者と同じように冠詞が選択できる。

2. 暗示的・明示的知識

L2習得では，生成文法，創発主義，機能文法といった異なる言語学的立場から研究が行われているが，多くの研究者は，暗示的知識や明示的知識がL2習得に影響を与えると考えている[4]。明示的知識とは，学習者が意識的に言語規則に気づいていることであり，学習者はその知識を文法性判断タスクや冠詞選択タスクなどの際に活用する[5]。また，言語知識とは，学習者が普遍文法（Universal Grammar：UG）にアクセスできることであり，本章ではこれを暗示的知識とする[6]。

L2学習者を対象としたタスクでは，暗示的知識と明示的知識を区別することが重要になるが，JLEsは冠詞選択の際，明示的知識を使っているという提案がある。例えば，Butler (2002) は，JLEsに特定の文化や歴史などについて述べられている文脈を与え，冠詞の空所補充タスクに取り組んでもらったが，JLEsの誤りの多くは指示性に起因していたと主張している。ここでいう指示性とは，聞き手が指示対象のことを知っていることであり，特定性と似ている。またその研究では，習熟度の低い学習者は，教師や教科書などから学んだ以下のような明示的規則に影響される可能性を示唆している。

1. 物や出来事が特定される場合はtheを使う。

4　DeKeyser (2003), N. Ellis (1993), Ionin, Zubizarreta & Philippov (2009) など。暗示的・明示的知識の定義については，Hulstijn (2005) を参照のこと。

5　Hulstijn (2005)

6　Bialystok (1990)

2. 物や出来事が初出の場合は a を，2 回目の場合は the を使う。
3. 名詞が可算の場合 a を使い，不可算の場合は a を使うことができない。

3. L2 習得における冠詞の選択

Ionin 他（2004）では，（1）のような多肢選択タスクを使い，冠詞がなく ACP が設定されていない韓国語とロシア語の L1 話者が，（a, the, --）から正しい選択肢を選ぶことができるか検証を行った。

（1）［−definite, +specific］

In an airport, in a crowd of people who are meeting arriving passengers

Man: Excuse me, do you work here?

Security guard: Yes.

Man: In that case, perhaps you could help me. I am trying to find（a, the, --）red-haired girl; I think that she flew in on Flight 239.

（1）は［−definite, +specific］の文脈の例である。男の人は，赤毛の少女のことを知っているが，今回初めてその少女について警備員に聞いたと解釈できる。この場面では，話し手のみが知っている状況であるため，不定冠詞 a が正解となる。実験の結果，そのどちらの学習者グループからも the を選択する誤りが観察された。このような誤りは Butler でも報告されている。

この研究では，冠詞選択の際の揺れを揺らぎ（fluctuation）と名付け，揺らぎは L2 で UG のパラメーター値，つまり ACP をうまく設定できなかったため引き起こされるものであり，冠詞を選択するときに使う明示的知識が影響したわけではないと主張している。さらに，L1 に ACP 設定を持たない L2 学習者が英語のような定性を扱う言語を学習する場合，ACP が定性か特定性か定められないため，2 つのパラメーター設定の間で表 2 のような揺らぎが起きると予測している[7]。

---

7 Ionin 他（2004）は，学習者が ACP を設定できる英語のインプットについても論じているが，冠詞にはさまざまな機能があるため，そのインプットにより学習者が英語の ACP を正しく設定できるかどうかについて明らかになっているわけではない。

表 2　冠詞選択の予測[8]

	[+definite] (正解：the)	[−definite] (正解：a)
[+specific]	正用　*the*	誤用　*the*
[−specific]	誤用　*a*	正用　*a*

網掛けが揺らぎの部分であり，定性と特定性の値が＋と－になる場合，2つのパラメーター設定の間で正用が適用されない揺らぎが起きる。

Ionin 他 (2004) 以降，揺らぎ仮説を検証するさまざまな研究が行われ，ACP の設定も変更された[9]。また，揺らぎの予想も表 3 のように改訂された。

表 3　L2 英語における冠詞選択の予想 (改訂後)[10]

	[+definite] (正解：the)	[−definite] (正解：a)
[+specific]	正用　*the*	誤用　*the*
[−specific]		正用　*a*

表 3 の [+definite] の文脈では [±specific] にかかわらず the が選ばれると予測しているが，これまでの L2 習得研究では，[+definite, −specific] の文脈において a の誤用が確認されている。成人の L2 学習者は，指示対象が特定できない場合は a を使うという明示的規則によりこの文脈でも a を選ぶ可能性がある。したがって，本研究では定性と特定性の値が＋と－になる [+definite, −specific] と [−definite, +specific] の文脈を用い，JLEs の冠詞選択を検証する。[+definite, −specific] の場合は明示的規則の影響により，また [−definite, +specific] の場合は UG にもとづく暗示的な知識により揺らぎが起こると予測する[11]。

4.　素性にもとづく説明と文脈の影響

英語の冠詞は特定性ではなく定性により示されるが，本研究では，L2 学習

8　Ionin 他 (2004, p. 19) をもとにした。

9　García Mayo (2009), Snape (2008, 2009), Trenkic (2008)

10　Ionin, Zubizarreta & Philippov (2009)

11　Butler (2002) では，[−definite, +specific] の場合でも明示的規則を排除することはできないとしている。

者は定性の意味素性［±definite］を選択することができると提案する。しかし，学習者が正しい素性を選択できるとしても，［−definite, +specific］や［+definite, –specific］の文脈では適切な冠詞を選ぶことが困難である場合があり，素性をもとにした議論では，L2 学習者が素性選択において揺らぎ続ける理由を説明することができない。そこで本研究では，学習者がインプットからどのように冠詞を選び出しているか調査を行い，冠詞選択における揺らぎには文脈と素性が関連していることを確認する [12]。さらに, L2 学習者は談話による明示的な方略を利用し，文脈の中で使用される冠詞を選ぶことを議論する [13]。

冠詞選択における素性の役割を説明するため，ここでは (2) のような分散形態論の枠組みを利用する [14]。

(2)	［D, +definite］	the	［+definite］
	［D, −definite, +singular］	a	［−definite］
	［D, +specific］	a, $this_{ref}$	［+specific］
	［D, −definite, −singular］	Ø	Underspecified

また (3) のように限定詞句 (DP) が［±specific］を持つ冠詞として使われ，さらに学習者は (4) の明示的方略を利用すると仮定する [15]。

(3)　the　↔　定 (DP［±specific］)
　　　a　↔　不定＋単数 (DP［±specific］)
(4)　定冠詞「the」(指示対象のある文脈で使われる)
　　　不定冠詞「a」(指示対象のない文脈で使われる)

ここでは，学習者は形容詞として冠詞を分析するという提案や，冠詞に語

12　Hawkins 他 (2006)
13　本研究では，Trenkic (2008) の L2 学習者が冠詞選択の際，明示的に言及や否定される知識を使用しているという主張には同意するが，Trenkic (2007, 2008) の統語的誤分析の説明については採用しない。
14　Halle & Marantz (1993)
15　Snape (2008)

彙的意味を与えるという説明は採用しない[16]。冠詞の適切な使い方を教えることはかなり難しいため，学習者は明示的指導やテキストから学んだ明示的方略を使うと考える[17]。習熟度の高い学習者が明示的規則を利用する場合もあるが，彼らは明示的知識を内在化し，暗示的知識として活用できるようになる[18]。しかし，実験ではすべての学習者が同じタスクに取り組むため，習熟度の高い学習者が明示的方略と暗示的方略のどちらを使っているのか判断することは難しい。非常に習熟度の高い学習者だけが明示的知識を内在化でき，母語話者と同じように冠詞選択ができるかもしれない[19]。

5. L2 学習者の母語

5.1 日本語

日本語は冠詞のない言語であり，定性が英語の冠詞のように形態統語的に示されることはない。しかし，定性や特定性の概念は，「これ」「それ」「あれ」といった指示代名詞，「は」「が」のような助詞，数詞や「全部」「ほとんど」といった限定詞，「枚」「冊」の分類詞や語順など，さまざまな方法で表現される[20]。言い換えれば，日本語には冠詞はないが，定性や特定性のように人物や物を談話の中で解釈できる。したがって，JLEs は［±definite］や［±specific］のような意味素性の間で揺らぎが起こるのではなく，語用論的解釈を形態統語的に表すのが困難であると思われる。

16　Trenkic（2007, 2008）

17　初めて出てきたものには a を使い，その後同じものについて述べる場合には the，つまり照応指示を使うべきだと入門教科書には記載されている（Pica, 1983）。

18　Sharwood Smith（1981）

19　Ionin 他（2009）は，明示的知識が暗示的知識のもとになっていると提案している。冠詞選択タスクの成績は，さまざまな研究で報告されてきたものよりずっとよいと思われる。しかし，この提案では，学習者がすでに冠詞について暗示的知識を持っているとすれば，なぜ明示的方略が必要であるのかという問題が生じる。

20　Watanabe（2006）。Wakabayashi（1998）は，JLEs は指示詞「それ」を照応の the に転移する可能性を示唆し，照応以外では学習者が冠詞システムを習得しなければならないと提案している。最近の研究では，JLEs はさまざまな前方照応の文脈で冠詞を正しく答えることができたことを報告している（Snape, Umeda & Hosoi, 2020）。

5.2 スペイン語

スペイン語は意味的にも統語的にも英語と似ており，冠詞も存在する。また，スペイン語の冠詞は性と数も表す。ここで重要なことは，スペイン語の冠詞には性と数があるということではなく，定性の意味素性を持ち，学習者はそれをL2英語でも使うことができるということである[21]。スペイン語では，定冠詞と不定冠詞が［±specific］の文脈で使われる。したがって，スペイン語から英語へ転移があるとすれば，スペイン人の中級と上級学習者は英語母語話者と同じように冠詞を選択できると考えられる[22]。

6. 実験

中級と上級のJLEsは，［+definite, +specific］と［-definite, −specific］の文脈では正確に冠詞を選択することができるが，もし(4)のような明示的方略が冠詞選択に影響を与えるのであれば，［−definite, +specific］と［+definite, −specific］では正しい冠詞を選ぶことが難しいと予測される。また，上級学習者の中に明示的知識を内面化し，暗示的知識を使うことができるようになる者がいるとすれば，その文脈においても適切な冠詞，つまり［−definite, +specific］でa,［+definite, −specific］でtheを選ぶことが予測される。一方，スペイン語では，英語のように定性を冠詞の形態変化により示すため，SLEsは英語母語話者と同じように冠詞選択を行うことができると予測される。そこで，本研究ではこれまでの研究をもとに，以下のような仮説を立てる[23]。

仮説1　L1転移により定性の暗示的知識が明示的方略より優先される。

L1に冠詞のあるL2学習者は，L1からL2へ冠詞の意味素性を転移させるが，L1に冠詞のないL2学習者は冠詞の選択が難しい[24]。ここではさらに，L1の違いをもとに以下のような仮説を立てる[25]。

21　García Mayo (2009)，Ionin他 (2008)

22　L1の文法規則などをL2で使うことを転移という。

23　Ionin他 (2008) はスペイン人とロシア人の成人L2学習者を比較した。冠詞選択タスクではスペイン語話者はロシア語話者よりはるかによい成績を挙げた。

24　Hawkins他 (2006)，Ionin他 (2008)

25　Ionin他 (2004, 2008)

仮説 1a.　成人の JLEs は，［−definite, +specific］と［+definite, −specific］の文脈では冠詞選択が難しい。

仮説 1b.　成人の SLEs は，［+definite］の文脈で the を，［−definite］の文脈で a を正しく使うことができる。

6.1　実験参加者

20 人の JLEs と 22 人の SLEs，さらに 14 人の英語母語話者が実験に参加した。JLEs と SLEs の英語習熟度を確認するため，学習者は Oxford Quick Place Test[26] を受け，さらに言語的背景，年齢や国籍といった個人情報に関する質問にも答えてもらった。すべての実験参加者は学校教育を受けており，18 歳以上になってからイマージョンの環境で英語を学習していた。実験参加者の情報は表 4 の通りである。

表 4　実験参加者の情報（平均）

L1	習熟度	年齢	英語に触れた年齢	イギリス到着年齢	イギリス滞在期間
日本語 （n = 20）	中級 （n = 14）	20–31 歳 （24.64） SD = 3.82	10–13 歳 （12.57） SD = 0.94	18–31 歳 （23.50） SD = 4.20	6–48 か月 （25.07） SD = 16.05
	上級 （n = 6）	20–45 歳 （27.67） SD = 8.98	3–13 歳 （10.33） SD = 4.08	18–44 歳 （25.67） SD = 10.05	6–125 か月 （43.17） SD = 44.53[27]
スペイン語 （n = 22）	中級 （n = 9）	25–40 歳 （29.67） SD = 5	6–22 歳 （13.22） SD = 4.24	22–39 歳 （28.33） SD = 5.27	5–36 か月 （17） SD = 12.03
	上級 （n = 13）	19–38 歳 （28.08） SD = 4.57	1–20 歳 （8.31） SD = 5.84	17–37 歳 （26.69） SD = 4.79	4–40 か月 （14.62） SD = 13.19
英語（n = 14）		27–59	---	---	---

26　Syndicate（2001）

27　1 名の実験参加者が 125 か月間イギリスに住んでいたため，ここの SD だけが大きくなっている。

6.2　実験方法

本研究では，(1) のような冠詞選択タスクに個人または小グループで取り組んでもらった。実験参加者は会話文を読み，a, an, the, --- (冠詞不要) の中から最も適していると思うものを 1 つ選ぶよう指示が与えられた。英語の文法に焦点を当てすぎないようにするため，実験参加者は冠詞選択タスクを行った後で Oxford Quick Place Test を受けた。

冠詞選択タスクに時間制限は設けなかったが，直感的に選択するよう求めたため，ほとんどの実験参加者は 30 分以内で回答を終えた。

6.3　グループごとの結果

4 つの文脈における冠詞選択の結果を以下に示す。

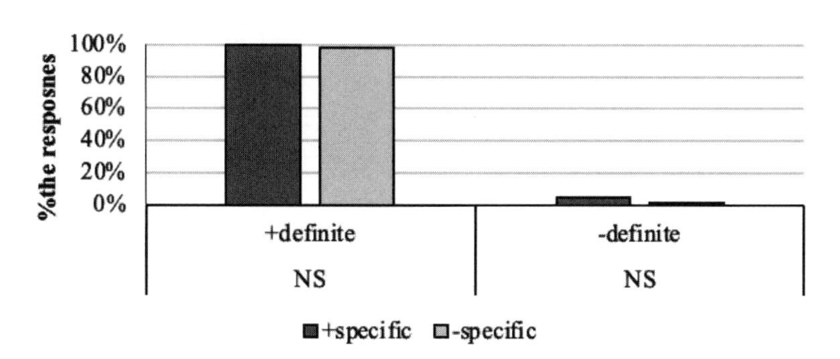

図 1　± specific の文脈での the の選択 (英語母語話者)

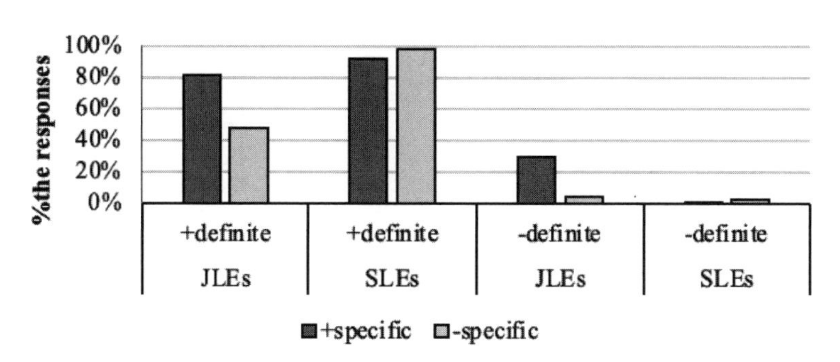

図 2　± specific の文脈での the の選択 (中級 L2 学習者)

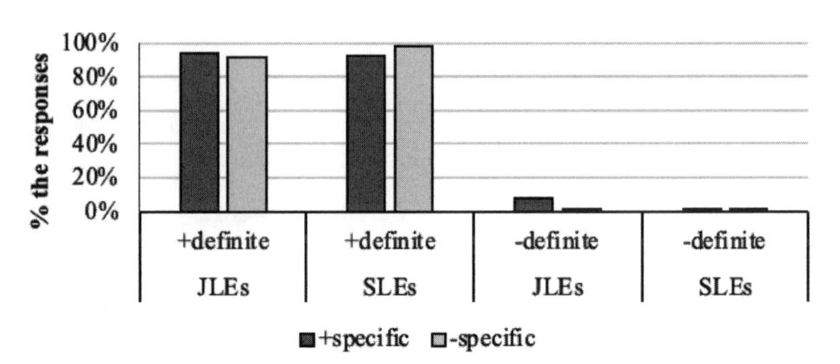

図 3　± specific の文脈での the の選択（上級 L2 学習者）

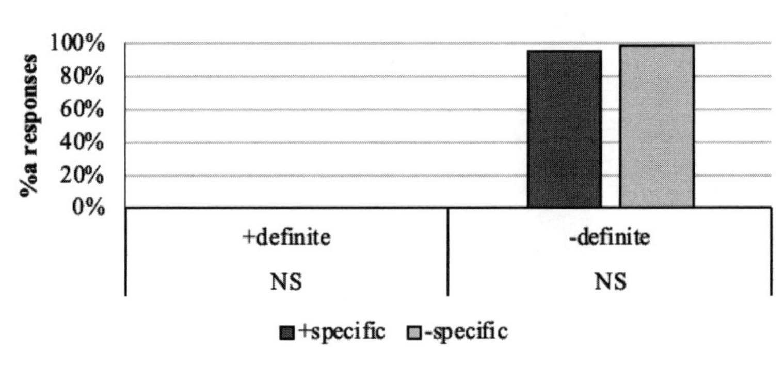

図 4　± specific の文脈での a の選択（英語母語話者）

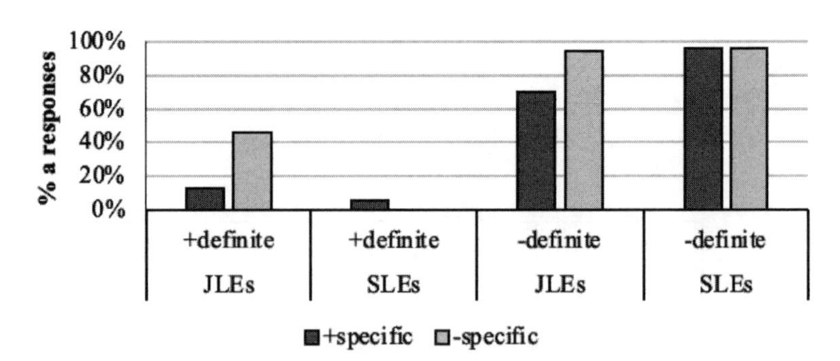

図 5　± specific の文脈での a の選択（中級 L2 学習者）

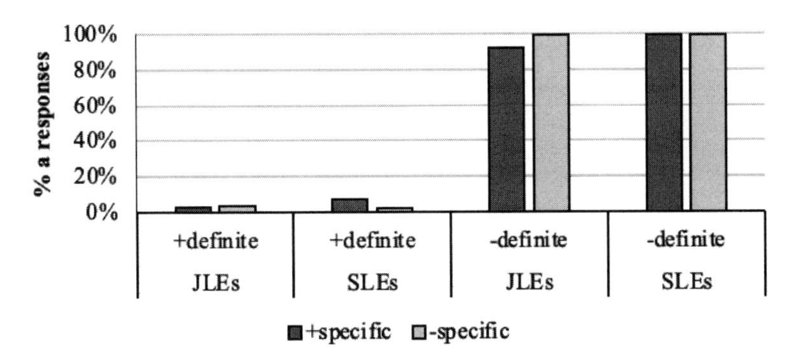

図6　±specific の文脈での a の選択（上級 L2 学習者）

［±definite］と［±specific］を掛け合わせた条件について，中級 JLEs，中級 SLEs，英語母語話者の 3 つのグループの間に大きな違いがあるか調べた[28]。［+definite, +specific］と［+definite, −specific］では，the の選択に大きな差があり，また［−definite, +specific］と［−definite, −specific］においても大きな差があった[29]。上級 JLEs，上級 SLEs，英語母語話者の間には［+definite, +specific］と［+definite, -specific］において大きな差が見られた[30]。

JLEs と SLEs の差を検証するため，それぞれ s の条件における中級 L2 グループ間と上級 L2 グループ間のデータを分析した（図 1 から 6）。JLEs は，習熟度にかかわらず［−definite, +specific］と［+definite, −specific］では適切な冠詞を選択できなかったが，正しい冠詞が選ばれると予測していた［+definite, +specific］でも，中級 JLEs は不定冠詞 a を 12.5% も選んでいた（図 5）。中級

28　各グループが少人数のため，すべてノンパラメトリック検定（クラスカル・ウォリス検定）で検証した。

29　ここでは主要な結果のみ示す。［+definite, +specific］中級 JLEs vs. 英語母語話者（Z= −4.338, $p < .01$），中級 SLEs vs. 英語母語話者（Z= −2.580, $p < .05$）；［+definite, −specific］中級 JLEs vs. 中級 SLEs（Z=−3.586, $p < .01$），中級 JLEs vs. 英語母語話者（Z=−4.549, $p < .01$）；［−definite, +specific］中級 JLEs vs. 中級 SLEs（Z= −2.548, $p < .05$），中級 JLEs vs. 英語母語話者（Z= −2.879, $p < .01$）；［−definite, −specific］中級 JLEs vs. 英語母語話者（Z=−2.714, $p < .01$）

30　ここでは主要な結果のみ示す。［+definite, +specific］中級 JLEs vs. 英語母語話者（Z= −2.189, $p < .05$），中級 SLEs vs. 英語母語話者（Z= −2.974, $p < .01$）；［+definite, −specific］中級 JLEs vs. 英語母語話者（Z= −2.789, $p < .01$）

や上級SLEsは，予想通り冠詞選択にほとんど問題はなかった。以下では，個人の結果を分析し，JLEsの冠詞選択の困難さの要因を検証する。

6.4 個人の結果

Ionin他（2004）は，学習者の冠詞選択には（a）定性，（b）揺らぎ，（c）特定性の3つのパターンがあることを想定していたが，それ以外に（d）部分的揺らぎ，（e）その他，があることも見つけている。Reid他（2006）では，そのすべてのパターンを説明しているが，学習者が異なるパターンに属しているとしても，個々の冠詞選択についてはさらに調査が必要である。ここでは，個人データを使い，なぜ学習者が特定の冠詞を選んだのか検証する。

表5は［−definite］の文脈でtheが選ばれた数を示している。

表5　中級と上級JLEsが［−definite］の文脈で使用した*theの数

中級日本人（n=14）			上級日本人（n=6）		
	［+specific］	［−specific］		［+specific］	［−specific］
JI1	5	0	JA1	0	0
JI2	1	0	JA2	1	0
JI3	1	1	JA3	0	0
JI4	5	1	JA4	0	1
JI5	0	0	JA5	0	0
JI6	7	0	JA6	3	0
JI7	0	0			
JI8	0	1			
JI9	0	0			
JI10	2	1			
JI11	0	1			
JI12	2	0			
JI13	1	0			
JI14	8	1			

表5より，中級学習者のJI1, JI4, JI6, JI10, JI12, JI14は［+specific］の文脈で

the を選んでいることがわかる。上級学習者では JA6 だけが the を 3 回選んでいる。Ionin 他 (2004) の揺らぎ仮説では，これらの学習者は ACP の定性と特定性の間で揺らいでいるということになるが，この the の誤りに関しては，文脈を [+specific] と解釈している可能性が考えられる。話し手が唯一の人や物について言及していれば，学習者は (4) の方略を用いて自動的に the を選ぶ，つまり「指示対象が特定できる文脈では the を使う」という明示的規則を適用させる。この規則は JI1, JI4, JI6, JI14 が多用しており，JI10 と JI12 も頻度は低いが利用している。

表 6 は [+definite] の文脈で a が選ばれた数を示している。

表 6　中級・上級日本人学習者が [+definite] の文脈で使用した *a の数

	中級日本人 (n=14)			上級日本人 (n=6)	
	[+specific]	[−specific]		[+specific]	[−specific]
JI1	0	7	JA1	0	0
JI2	1	7	JA2	0	1
JI3	1	0	JA3	1	0
JI4	1	2	JA4	1	0
JI5	3	3	JA5	0	1
JI6	0	8	JA6	0	0
JI7	0	0			
JI8	0	2			
JI9	1	4			
JI10	1	2			
JI11	3	4			
JI12	0	6			
JI13	8	6			
JI14	2	0			

表 6 より，JI3, JI7, JI14 以外のすべての中級学習者が [−specific] の文脈において不定冠詞 a を選んでいることがわかる。さらに，JI5, JI11, JI13, JI14 は [+specific] で a を選び，特に JI13 は 8 回も選んでいる。

このように [+definite, +specific] の文脈でも a を選んでいる学習者がいる。

Ionin 他（2004）の揺らぎ仮説では，この文脈における a を選択する誤りの理由を説明できない。さらに，素性や文脈にもとづいた議論であっても，この誤りについて説明することは難しい。また，この文脈での不定冠詞の選択は，どの明示的規則にも当てはまらず，目標言語のインプットから得られたものでもない。そこで，［+definite, +specific］の文脈を使い，不定冠詞 a が選ばれる理由を検討する。

（5）では，Mike が知っている唯一の人物，つまり本屋の owner である彼の旧友について言及しているため，不定冠詞を使うことはできない。

（5）　［+definite, +specific］

At a bookstore

Chris: Well, I've bought everything that I wanted. Are you ready to go?

Mike: Almost. Can you please wait a few minutes? I want to talk to the/#an owner of this bookstore — she is my old friend.

Chris は，ほとんどの店には通常オーナーは 1 人であることを知っているため，唯一性の前提を満たしている。したがって，話し手が指示対象である she is my old friend を示す必要はなく，I want to talk to the owner という文だけで，［+definite, +specific］の文脈になる。しかし，owner of this bookstore は初出であるため，学習者は owner を［−specific］と解釈し，さらに初出の人物には a をつけるという明示的方略を利用したと考えられる。もし Mike のセリフの後で，Chris が How long have you known ____ owner? と会話を続けたとしたら，その owner は 2 回目の出現になるため，学習者は正しく the を選ぶことができるであろう。

Ionin 他（2004）は，前の文脈で言及された人物に対する不定冠詞の使用は，必ずしも L2 学習者が文脈を［−specific］と解釈したわけではなく，［−definite］と解釈していたのかもしれないと主張している。その研究では，ロシア人と韓国人の L2 学習者を対象に冠詞の選択実験を行ったが，前の文脈で言及された人物に対して，ロシア人は 20% の割合で，韓国人は 17% の割合で誤って a を選ぶことを明らかにしている。また，指示物の唯一性が十分に確立されていない場合，英語母語話者であっても［−definite］と解釈する可能性があることも観察されている。したがって，学習者は唯一性が認識できない場合や，文脈が［+specific］か［−specific］か判断できない場合は，文脈を正しく解釈できないと思われる。例えば，(6) では，下線部により話し手が指示対象を特定していないことを示している。

(6)　*At a supermarket*

Sales clerk: May I help you, sir?

Customer: Yes! I'm very angry. I bought some meat from this store, but it is completely spoiled! I want to talk to ____ owner of this store; I don't know who he is, but I want to see him right now!

このように話し手が，誰が owner か認識していない場合は唯一性が弱められるため，学習者は「指示対象が特定できない場合は不定冠詞を使う」という明示的規則に従い，a を選ぶ可能性がある [31]。

7. 考察

正しい冠詞が選択できる L2 学習者もいるが，冠詞選択の実験結果には，性別，学習開始年齢，目標言語が話されている国への到着年齢，滞在期間など，さまざまな要素が関連している。また，学習者の L1 と L2 の習熟度により，母語話者と同じような冠詞の選択ができるかどうか異なってくる。中級学習者の中にも，明示的規則ではなく，内在化した冠詞の暗示的知識を使うことができる学習者もいるが，それ以外の多くの学習者は，適切な冠詞の使用に自信が持てず，明示的規則に依存し冠詞の選択を行う。

本研究では，学習者が ACP にもとづいた定性と特定性の間で揺らぐという Ionin 他 (2004) の立場とは異なり，学習者はインプットが与えられれば，英語の定性について知識を持つことができると考える。ただし，すべての学習者の言語知識が暗示的知識の段階に到達しているわけではなく，習熟度の

31　Trenkic (2008) では，Ionin 他 (2004) は無関係な 2 つの要素：1) 言及されている人物に対する話し手の明示的知識，または親密度，2) 特定の指示対象について言及する意図，を混成させていると主張し，［±ESK］の素性を加えた提案を行っている。

低い学習者は明示的知識に依存するため，英語母語話者とは同じような冠詞の選択はできない。しかし，中間言語文法は発達し続け，それに伴いL2の習熟度は高くなるため，UGがL2でも機能するという主張を本研究では支持する[32]。

8. おわりに

本研究では，JLEsとSLEsによる英語の冠詞の習得について検証し，中級JLEsは冠詞選択が困難であることがわかった。また個人データを検証すると，多くの中級学習者は指示対象が文脈の中で特定されていない場合，正しい冠詞の選択ができないことが明らかになった。本研究の結果は，Hawkins他（2006）の冠詞選択に関する主張を支持するものであり，学習者の個人差をより明確に説明できるという点においてACPの設定よりふさわしいと考えられる。

【外国語教育に関わる人が知っておくべきポイント】

・英語学習者がtheとaを習得すれば，冠詞の意味の複雑さについても理解できるようになる。
・英語を教える人は，L2学習者が直面する困難についてよく知っておく必要がある。
・冠詞の使い方を身につけさせるには，授業中にさまざまな文脈で冠詞を使うより多くの活動を行うべきである。

【執筆者から読者へのメッセージ】

多くの学習者は，英語の冠詞の使い方を難しいと感じているが，英語を教えるすべての人がL2習得の研究成果を知っているわけではない。最近の研究では，L2習得研究と教育現場の隔たりを埋めようとしているものもある[33]。研究者として言語教育にかかわる人々に働きかけ続けることにより，

32　今回の結果は，少なくとも明示的知識が長期にわたって暗示的知識になりにくいことを示している（VanPatten（2016）やVanPatten & Rothman（2014, 2015）を参照のこと）。学習者が示す暗示的知識は，UGの影響と考えられる（Ionin他, 2009）。

33　Marsden & Slabakova（2019）や*Language Teaching Research*の特集号を参照のこと。

彼らが言語習得研究に触れ，その成果を教育に関連付けられるようにするのが我々の責務である。

付　記

本章は，Ionin, Ko & Wexler (2004) の研究を再実験した Reid 他 (2006) のデータを再分析したものである。

参照文献

Bialystok, E. (1990). The competence of processing: Classifying theories of second language acquisition. *TESOL Quarterly, 24*(4), 635–648. https://doi.org/10.2307/3587112

Butler, Y. G. (2002). Second language learners' theories on the use of English articles: An analysis of the metalinguistic knowledge used by Japanese students in acquiring the English article system. *Studies in Second Language Acquisition, 24*(3), 451–481. https://doi.org/10.1017/S0272263102003042

Chafe, W. L. (1976). Giveness, contrastiveness, definiteness, subjects, topics, and point of view. In C. N. Li (Ed.), *Topic and subject* (pp. 27–55). Academic Press.

DeKeyser, R. M. (2003). Implicit and explicit learning. In C. J. Doughty, & M. H. Long (Eds.), *Handbook of second language acquisition* (pp. 313–348). Blackwell.

Ellis, N. (1993). Rules and instances in foreign language learning: Interactions of implicit and explicit knowledge. *European Journal of Cognitive Psychology*, *5*(3), 289–318. https://doi.org/10.1080/09541449308520120

García Mayo, M. del P. (2009). Article choice in L2 English by Spanish speakers: Evidence for full transfer. In M. del P. García Mayo, & R. Hawkins (Eds.), *Second language acquisition of articles* (pp. 13–35). Benjamins.

Halle, A., & Marantz, A. (1993). Distributed morphology and the pieces of inflection. In S. J. Keyser, & K. Hale (Eds.), *The view from building: Essays in linguistics in honor of Sylvain Bromberger 20* (pp. 111–176). MIT Press.

Hawkins, R., Al-Eid, S., Almahboob, I., Athanasopoulos, P., Chaengchenkit, R., Hu, J., Rezai, M., Jaensch, C., Jeon, Y., Jiang, A., Leung, I., Matsunaga, K., Ortega, M., Sarko, G., Snape, N., & Velasco-Zarate, K. (2006). Accounting for English article interpretation by L2 speakers. In S. H. Foster-Cohen, M. M. Krajnovic, & J. M. Djigunović (Eds.), *EUROSLA yearbook 6* (pp. 7–25). John Benjamins.

Hulstijn, J. H. (2005). Theoretical and empirical issues in the study of implicit and explicit second-language learning. *Studies in Second Language Acquisition*, *27*(2), 129–140. https://doi.org/10.1017/S0272263105050084

Ionin, T., Ko, H., & Wexler, K. (2004). Article semantics in L2-acquisition: The role of specificity. *Language Acquisition, 12*(1), 3–69.https://doi.org/10.1207/s15327817la1201_2

Ionin, T., Zubizarreta, M. L., & Maldonado, S. B. (2008). Sources of linguistic knowledge in the second language acquisition of English articles. *Lingua, 118*(4), 554–576. https://doi.org/10.1016/j.lingua.2006.11.012

Ionin, T., Zubizarreta, M. L., & Philippov, V. (2009). Acquisition of article semantics by child and adult L2-English learners. *Bilingualism: Language and Cognition, 12*(3), 337–361. https://doi.org/10.1017/S1366728909990149

Marsden, H., & Slabakova, R. (2019). Grammatical meaning and the second language classroom: Introduction. *Language Teaching Research, 23*(2), 147–157. https://doi.org/10.1177/1362168817752718

Pica, T. (1983). The article in American English: What the textbooks don't tell us. In N. Wolfson, & E. Judd Rowley (Eds.), *Sociolinguistics and language acquisition* (pp. 222–233). Newbury House.

Reid, J., Battaglia, P., Schuldt, M., Narita, E., Mochizuki, M., & Snape, N. (2006). *The article choice of learners of English as a second language* [Unpublished term paper, University of Essex].

Sharwood Smith, M. (1981). Consciousness-raising and the second language learner. *Applied Linguistics, 11*(2), 159–169. https://doi.org/10.1093/applin/II.2.159

Snape, N. (2008). *The acquisition of the English determiner phrase by L2 learners: Japanese and Spanish*. VDM Verlag.

Snape, N. (2009). Exploring Mandarin Chinese speakers' article use. In N. Snape, Y.-k. I. Leung, & M. Sharwood Smith (Eds.), *Representational deficits in SLA: Studies in honor of Roger Hawkins* (pp. 27–51). John Benjamins.

Snape, N., Umeda, M., & Hosoi, H. (2020, March 22–23). *L1 Japanese and L1 Spanish L2 acquisition of English definite determiner phrases* [Paper presentation]. Japan Second Language Association 2020 conference, online. https://drive.google.com/file/d/1be76Xin8inmXqgsLdBuiGlEeiGi6W0ZG/view

Syndicate, U. C. L. E. (2001). *Quick placement test*. Oxford University Press.

Trenkic, D. (2007). Variability in L2 article psroduction: Beyond the representational deficit vs. processing constraints debate. *Second Language Research, 23*(3), 289–327. https://doi.org/10.1177/0267658307077643

Trenkic, D. (2008). The representation of English articles in second language grammars: Determiners or adjectives? *Bilingualism: Language and Cognition, 11*(1), 1–18. https://doi.org/10.1017/S1366728907003185

VanPatten, B. (2016). Why explicit knowledge cannot become implicit knowledge. *Foreign Language Annals, 49*(4), 650–657. https://doi.org/10.1111/flan.12226

VanPatten, B., & Rothman, J. (2014). Against rules. In A. Benati, C. Laval, & M. J. Arche (Eds.), *The grammar dimension in instructed second language acquisition: Theory, research, and practice* (pp. 15–35). Bloomsbury.

VanPatten, B., & Rothman, J. (2015). What does current generative theory suggest about the explicit–implicit debate? In P. Rebuschat (Ed.), *Explicit and implicit learning of languages* (pp. 91–116). John Benjamins.

Wakabayashi, S. (1998). Systematicity in the use of the definite article by Japanese learners of English. *Gunma Women's Prefectural University Bulletin, 19*, 91–107.

Watanabe, A. (2006). Functional projection of nominals in Japanese: Syntax of classifiers. *Natural language and linguistic theory*, *24*, 241–306. https://doi.org/10.1007/s11049-005-3042-4

6

第二言語習得における束縛現象

—生得的言語知識と帰納的学習—

鈴木孝明

1. はじめに

本研究では第二言語習得における照応を「生得的な言語知識」と「帰納的な学習」という2つの側面から探っていく。具体的には，下記 (1) に示すような単文の文法性判断に関して，日本語を母語とする英語初級学習者を対象とした調査の結果をもとに議論を行う[1]。

(1) a. I hate myself/*me.
  b. Bill hates *myself/me.

(1) に示された再帰代名詞と代名詞の制約に関して，生成文法では束縛原理という理論による説明が行われ，これにかかわる抽象的で複雑な言語知識はヒトに生得的だと提案されている。しかしながら，(1)の文を見るかぎり，再帰代名詞と代名詞が相補分布の関係にあることは明らかで，このような観察から規則を帰納的に導き出すことは困難ではないとも考えられる。本研究では再帰代名詞と代名詞のこのような振る舞いを束縛現象とよび，この現象にかかわる第二言語学習者の言語知識を探る。言語知識とは文法的な文と非文法的な文を区別するために使用される知識のことをさし，本研究では言語理論に対して中立的な意味で使用する。また，束縛現象に関する言語知識の習得を通して「生得的な言語知識」と「帰納的な学習」という第二言語習得のメカニズムに関する議論を行うが，これらを比較検討してその理論的優位

1 非文法的な文や用法を「*」(アステリスクマーク) をつけて示す。

性を問うのではなく，それぞれのメカニズムが第二言語習得においてどのように働く（または働かない）可能性があるのかということに焦点を当てた議論を行う。

2.　理論的背景

2.1 生得的知識としての束縛原理

生成文法では，(2) に示す束縛原理 A と B が，それぞれ再帰代名詞と代名詞に制約を与える生得的な言語知識として提案されている[2]。

(2)　束縛原理 A：照応形はその統率範疇の中で束縛されなければならない。
　　束縛原理 B：代名詞類はその統率範疇の中で束縛されてはならない。

束縛は構成素統御（以下 c 統御と表記する）と同一指標の 2 つによって規定される。c 統御とは，文の階層構造における支配を示すもので，たとえば主語の節点は直接目的語の節点を c 統御する。また，同一指標とは，i や j という指標によって示され，これが同じものは同一の指示対象を表す。下記例文の後につけたカッコ内では，それぞれの条件を満たす場合を〇で，満たさない場合を×で示している。

(3)　a. Bill_i hates himself_i.　(〇 c 統御；〇同一指標)
　　b. *Bill's_i sister hates himself_i.　(× c 統御；〇同一指標)
　　c. *Bill_i hates himself_j.　(〇 c 統御；×同一指標)
(4)　a. *Bill_i hates him_i.　(〇 c 統御；〇同一指標)
　　b. Bill's_i sister hates him_i.　(× c 統御；〇同一指標)
　　c. Bill_i hates him_j.　(〇 c 統御；×同一指標)

ここに示した単文では文全体が統率範疇となる[3]。よって，文中で同一指標をもつ先行詞が再帰代名詞を c 統御する (3a) は文法的だが，(3b) と (3c) は

2　Chomsky (1981, 1986)。日本語による詳細な解説は白畑 (2006a, 2006b) を参照。
3　統率範疇とは束縛が適用される範囲を指す。詳細は注 2 に示した文献を参照。

束縛の条件を満たしていないので非文法的な文となる（束縛原理 A）。これに対して，同一指標をもつ先行詞が代名詞を c 統御する（4a）は非文法的だが，（4b）と（4c）は束縛の条件を満たしていないので文法的な文となる（束縛原理 B）。

また，統率範疇は言語によって異なることが知られているが，このような言語間における差は，パラメータによるものだと考えられ，束縛原理の正当性に影響を及ぼすものではない。ここに示した単文では英語と日本語に差はなく，束縛原理 A も束縛原理 B も同じように適用される。

生成文法理論における言語知識の生得性は，その初期理論においてすでに明言されているが，統率・束縛理論に基づく原理とパラメータのアプローチでは，それがより明示的，かつ体系的に提示されている。すなわち，束縛原理のような原理はヒトに生得的に与えられた言語知識の一部であり，言語によって異なる値をもつパラメータは対象言語のインプットにより設定されると提案されている。この考え方に従うと，第二言語習得における問題は，母語獲得で有効だと考えられる原理がそのまま第二言語習得においても有効なのかどうか，また，母語と第二言語で異なる値をもつパラメータに関しては最終的にその再設定が可能なのかどうかということである。これまでの生成文法に基づく第二言語習得研究では，束縛という制約が働いていることを前提に，統率範疇に関わるパラメータの再設定に関する問題が頻繁に調査されてきた[4]。これに対して，本研究では単文に使用される再帰代名詞と代名詞に焦点を当てることで，束縛原理そのものを対象に束縛現象を扱う。

2.2　相補分布に基づく帰納的学習

再帰代名詞や代名詞に関する規則は，学習者が自ら法則性を見出し，一般化を行うという帰納的学習による習得も可能かもしれない。たとえば上記（3）と（4）に示す文法的な文がインプットで与えられた場合，ここに見られる himself と him の相補分布をもとに法則を導き出すという可能性である[5]。

4　日本語を母語とする英語学習者を対象とした研究は，白畑（2006a）により詳細な解説が行われている。

5　ここでは，himself と him が同一環境に現れることない。このように一方が出現可能な場所に他方は許されないことを相補分布という。

このような考え方は，生成文法が仮定する言語知識の生得性に対抗するものとして古くから提案されてきたが，ここでは具体的な学習のメカニズムとしてプリエンプションをとりあげる。

プリエンプションとは，ある意味を表す特定の形式が，それと同じ意味を表す別の形式の使用を阻止するという学習である[6]。この根本にある考え方は，形式と意味は一対一で対応するという相互排他性で，Goldberg（1995）はこれを動詞の自他に当てはめて次のような説明をしている。たとえば，手品師がウサギを消してみせたという場面で，子どもが誤って disappear という自動詞を（5a）の文で使おうとしたとする。このような強制的な使役事象は語彙使役で表されることが多いので，もし disappear が他動詞であれば（5a）の文を使うことが望ましい。

（5） a. *The magician disappeared a rabbit.
　　 b. The magician made a rabbit disappear.

しかし実際には自動詞の disappear がこの文で使われることはなく，子どもに与えられるインプットは（5b）のような make を使った使役の形をとる。すると，このことが（5a）の文が誤りだと判断する手がかりになり，直接的な否定証拠が与えられなくてもこの文が非文法的だと学習できるというのである[7]。

束縛現象に関しては，これまでプリエンプションという枠組みで議論が行われることはなかったと思われる。しかしながら，再帰代名詞と代名詞は基

6　用語としてはプリエンプションのほかに「対比の原理」（Clark, 1987），「唯一性の原理」（Pinker, 1984），「阻止の原理」（Aronoff, 1976）という名称が使われることもある。またプリエンプションという学習自体は，必ずしも言語知識の生得性を否定するものではなく，生成文法理論の枠組みで行われた言語習得研究においてもプリエンプションの有効性が議論されている（Rutherford, 1989, Trahey & White, 1993）。

7　プリエンプションを調査した母語獲得研究に Brooks & Zizak（2002）がある。また，第二言語習得研究では，母語からの負の転移の影響が起こらない場合はプリエンプションの効果が認められたという報告がある一方で（Suzuki & Yagi, 2013），母語による負の転移が起こる場合，プリエンプションの効果は認められなかったという報告もある（Trahey & White, 1993）。

本的に相補分布を成すことから，プリエンプションが働く可能性も考えられる。ただし，プリエンプションのような制約は言語を習得する過程のどこかで破棄しなければならないことも多い。言語の多くの側面は，完全に相互排他的でも相補分布的でもないからである。再帰代名詞と代名詞の場合も，4 節で紹介する短距離代名詞のような例があるため，母語話者と同様の言語知識を身につけるためには，最終的に学習者はプリエンプションを破棄し，インプットに合わせた学習を行う必要がある。

3. 先行研究

3.1 第二言語習得における再帰代名詞と代名詞の比較

日本語母語話者による英語の再帰代名詞と代名詞の両方を調査対象とした研究は，白畑知彦氏のプロジェクトを除けば，ほとんど行われていない。ここでは，その中でも単文を調査対象とした 2 つの研究を取り上げるが，紙面の都合上，これらを区別せずにその概略を提示することにする [8]。

これらの調査では，絵を使用して指示対象を明確に示しながら，(6) に示した 4 タイプの文を提示して yes か no で答えさせるという方法がとられた。各例文の後のカッコに示したのは，絵に提示された再帰代名詞，あるいは代名詞の指示対象である。

(6) a. Ken_i is looking at himself_i. (ケン)
b. *Ken_i is looking at himself_j. (マサル)
c. Ken_i is looking at him_j. (マサル)
d. *Ken_i is looking at him_i. (ケン)

実験の結果，再帰代名詞に関しては，中・高・大学生の正解率はすべて 9 割を超えていたが，代名詞に関しては，中・高生による非文法的な文の正解率が著しく低かったことが報告されている。これらの結果を受けて，以下のような提案が行われた。まず，束縛原理 A は生得的な言語知識の一部なの

8 Shirahata (2007) では高校生と大学生（2 年次生と 3 年次生）合計 162 名を実験群として，また Shirahata, Yoshimura, & Sawasaki (2015) では，調査対象を中学生に広げ，高校生や大学生を含めた 162 名を分析対象に同じタスクを実施している。

で学習の必要はなく，himselfが再帰代名詞だということさえ学べばこれを正しく解釈できるようになるという。一方，束縛原理Bについては2つの可能性に言及している。その1つが転移である。通常，himと同等とされる日本語は「彼」だが，学習者は（6d）のhimを「自分」に置き換えているのではないかという。この場合，提示された絵の中にいるのはケンなので，「ケンは自分（=ケン）を見ている」という日本語に置き換えて考えると（6d）の文を誤って容認してしまうというのである。

もう1つの可能性は，英語の母語獲得において提案されている語用論的な問題が第二言語習得においても影響を及ぼすのではないかというものである。英語を母語とする5–6歳児の子どもにとっても代名詞が非文法的に使われた文の判断が難しいことが報告されており，これは束縛原理Bの問題ではなく，子どもが語用論的に未熟な状態にあることが原因だとされている[9]。たとえば，（6c）のようにKenとhimが異なる指標を持つ場合，これらは同一指示ということにはならないが，（7）のような文脈であればheとhimが異なる指標を持っていても同一指示対象を表すことは可能である。

（7）　That$_i$ must be John$_j$. At least he$_i$ looks like him$_j$.

これらに見られる「異なる指標をもつ要素は非同一指示的である」という原則，そして「文脈によっては異なる指標を持つ要素であっても同一指示的になることがある」というある種の例外的な付則は，語用論的な問題であるとして，これを原理Pとよび，子どもの誤りはこの原理Pにかかわる誤りだと提案されている。具体的には，子どもは（6c）が文法的だということも（6d）が非文法的だということも知っているが，（6c）においてiとjという異なる指標が付いた2つの名詞句が（基本的には）非同一指示だということを知らないので，その結果，（6d）の文を誤って受け入れてしまうというのである。白畑知彦氏らの論文では，第二言語習得においても初級学習者には原理Pにかかわる問題があるのではないかと指摘している[10]。

9　Chien & Wexler（1990），（7）の例文は同論文の256ページから引用。

10　ただし，日本語の代名詞（音形を持たないpro）の影響があるという立場をとっているので，目標言語である英語に関しての語用論的な問題というより，学習者の母語である日

3.2 日本語の再帰代名詞と代名詞

日本語では，伝統的に「自分」が再帰代名詞として扱われてきた[11]。日本語の「自分」は，その統率範疇を最小の節に限らないが，単文（最小の節）の中で先行詞をとることは可能なので，この場合は英語の再帰代名詞と同じ振る舞いをすることになり束縛原理Aの制約がそのまま当てはまることになる。よって，この点において負の転移の問題はないが，「自分」には英語にない用法もある。たとえば，「自分は京都出身です」のように1人称の代名詞として使われたり，「この件，自分はどう思う？」のように2人称の代名詞として使われたりすることもある。これらの用法は，地域差やレジスターによる違いも見られるが，もし，このような「自分」の使用範囲の広さが英語に転移するならば，非文法的に使われた英語の再帰代名詞が文法的だと判断される可能性も考えられる。

代名詞に関しては，たとえばhimに相当する語として「彼」という日本語が伝統的にとりあげられてきた[12]。しかし，日本語の人称代名詞に相当するものは音形を持たないゼロ代名詞だとして，日本語ではproが束縛原理Bに従うという提案がある[13]。束縛原理Bがどの言語にも共通する普遍的なものであれば，日本語ではproが代名詞だと捉えることが順当である。

しかしながら，第二言語習得における転移の問題を考える場合は，(8) に見られる「彼」の特性も考慮する必要があるだろう。

(8)　ビル$_i$が　彼$_i$を　憎んでいる。

この文の中で「彼」は主語のビルを指すことができる。よって，束縛原理Bに違反する「彼」が転移を起こすならば，学習者の誤りにつながる可能性が考えられる。学習者の判断において日本語がどのように影響を及ぼすのか直

本語による語用論的な転移の問題として，代名詞の誤りを説明している。

11 「自分自身」，「彼自身・彼女自身」も再帰代名詞として捉えられているが，これらは英語の再帰代名詞と同じ統率範疇をもつことが知られている（Aikawa, 1999や白畑, 2006b, p. 66などを参照）。

12 Saito (1985), Whitman (1987) など。

13 Kuroda (1965), Shirahata他 (2015)

接観察することはできない。しかし，英語を日本語に置き換えて文を理解したり，日本語から英語に置き換えて文を作ったりするときに，「彼」(または「彼女」) は頻繁に使われる語であり，教室においても母語を使用した指導が行われるという事実を考慮すると，英語に対応するもっとも典型的な語彙として「彼」(あるいは「彼女」「私」「あなた」) を想定し転移の可能性を検討することは妥当だと考えられる[14]。

4.　実験

4.1　参加者

参加者は日本語を母語とする英語学習者 158 名である。TOEFL ITP の平均値は 399 点 (標準偏差：27.99)，中央値は 403 点，範囲は 323 点から 457 点であったことから，全員が英語の初級学習者 (CEFR の A2 (Basic user)) だと考えられる[15]。

4.2　材料

単文における再帰代名詞と代名詞の比較を行うため，表 1 に示した文タイプに対しての文法性判断テストを行った。1 人称の再帰代名詞と代名詞を使用したのは，原理 P の影響を最小限にとどめるためである。3.1 で言及したように，原理 P には同一指標と同一指示の問題がかかわっており，これは多義的である 3 人称の代名詞を使用した場合は避けられない問題である。しかし 1 人称の代名詞では，その指示対象が必ず話者になるので，それ以外の指示表現と同一指示をもつことはない。もし学習者がこのような基本的な語用論的知識をもっているなら，1 人称の代名詞を使うことで原理 P に関する誤りを排除できるのではないかと考えこれを仮定した上で誤りの原因を探ることにした。

14　次節でとりあげる実験と同じ方法で日本語 (「自分」と「私」) を対象に事前調査を行ったところ，(6) に示した 4 タイプすべてにおいて 90% 以上の高い容認率が観察された。

15　先行研究では，低学年の学習者に多くの誤りが観察されていたが，本調査では学年や学習期間ではなく習熟度を基準に被験者の選定を行った。

表 1　実験文のタイプ

タイプ	代名詞の種類	文法性	文例
1	再帰代名詞	文法的	I hate myself.
2	再帰代名詞	非文法的	Bill hates myself.
3	代名詞	文法的	Bill hates me.
4	代名詞	非文法的	I hate me.
5	再帰代名詞	文法的	I put a box behind myself.
6	代名詞	文法的	I put a box behind me.

また，先行研究で使用されたタイプ 1 から 4 だけでなく 5 と 6 の文を加えることで，束縛現象の習得過程と誤りに関する議論を行うことにした。タイプ 5 と 6 の文では，再帰代名詞あるいは代名詞を含む最小の節に先行詞が存在する。よって，束縛原理に照らし合わせると再帰代名詞が使われたタイプ 5 は文法的だが，代名詞が使われたタイプ 6 は非文法的になるはずである。ところがタイプ 6 は文法的な文であることから，これはある種の例外的な現象として扱われ，ここで使われる代名詞は短距離代名詞とよばれている[16]。言語習得研究において重要なことは，タイプ 6 の文が束縛原理 B に従わないということ，そして，短距離代名詞は再帰代名詞と相補分布の関係にはならないということである。

4.3　調査方法

文法性判断テストを行なった。これはメタ言語意識を持つ学習者の言語知識を探る方法の 1 つであり，特に非文法的な文を非文法的だと正しく判断できるかどうかを確かめるためには有効な方法である[17]。本調査では，下記(9)のように，下線で示された語の使用に関して「間違っている」「多分間違っている」「多分正しい」「正しい」の中から 1 つを選んで丸をつけるという方法をとった。

16　短距離代名詞については Hestvik（1991）や Reinhart & Reuland（1993）など参照。

17　White（2003, p. 18）

(9)　I wonder if myself should open the window.

間違っている　多分間違っている　多分正しい　正しい

また，判断できない場合は「どうしても判断できない」という選択肢も選べるようにした。下線部にはすべて1人称の代名詞（I, my, me, mine, myself）を使用し，動詞はhate, praise, believeなどすべての文に異なるものを使用した。実験文は表1に示した6タイプ各4トークンで，これらにディストラクターの24文を含めた合計48文をテストした。実験は質問紙法の形式で行われ，参加者は最初に指示を読み，練習問題2問を行った後，各自のペースで問題に取り組んだ。時間制限は設けなかったが，すべての参加者がおよそ30分以内にすべての問題を終了した。

4.4　全体の結果

回答を数値化するにあたり，「正しい」と「多分正しい」をひとまとめにして，文法的な判断だと仮定した。同じように，「間違っている」と「多分間違っている」を非文法的な判断だと仮定し，それぞれのタイプについて容認率（文法的だと判断した率）を算出した。また，「どうしても判断できない」という回答は全体で15回あり，これが全体に占める割合は0.4%未満であったことから，そのまま欠損値として扱った。

全体の容認率と標準偏差を表2に示す。タイプ1から4については反復測定による分散分析の結果，再帰代名詞でも代名詞でも，文法的な文の判断の方が非文法的な文の判断よりも容認率が高いことがわかった[18]。よって学習者は，これらにおいて文法性に差があることは判断できていたと考えられる。また，文法的な文では代名詞の方が再帰代名詞よりも容認率が高かったが，両方とも90%以上の容認率を示しているため，学習者はこれらの両方を正しく判断できたと考えられる[19]。さらに，非文法的な文の容認率にも有意差が認められたが，これに関しては，英語の初級学習者が代名詞に関して

18　分散分析：文法性：$F\,(1,157) = 505.187, p < .001, \eta^2 = .763$，代名詞のタイプ：$F\,(1,157) = 139.935, p < .001, \eta^2 = .471$，交互作用：$F\,(1,158) = 72.690, p < .001, \eta^2 = .316$

19　$F\,(1,157) = 34.692, p < .001, \eta^2 = .181$

の言語知識を持っていないことを示唆している[20]。すなわち，再帰代名詞の容認率は28.5%だが，代名詞の場合は67.2%とかなり高い。これらを正解率に換算すると，それぞれ71.5%と32.8%で，再帰代名詞の容認率はチャンスレベルよりも有意に低かったが，代名詞の場合はチャンスレベルよりも有意に高いことがわかった[21]。このことは，英語の初級学習者は非文法的に使われた代名詞を誤って文法的だと判断していることを表している。

表2　容認率と標準偏差

再帰代名詞		代名詞		再帰代名詞	代名詞
文法的	非文法的	文法的	非文法的	文法的	文法的
タイプ1	タイプ2	タイプ3	タイプ4	タイプ5	タイプ6
90.8% (15.0)	28.5 % (32.3)	98.1% (7.2)	67.2% (33.2)	62.5% (36.2)	77.5% (26.7)

タイプ5と6は，ともに文法的な文であり，再帰代名詞も代名詞も，その容認率はチャンスレベルより高かった[22]。よって，学習者はこれらの文を文法的だと判断していると考えられる。その一方で，両者の容認率には有意差も認められたことから，この文型においては，代名詞の方が再帰代名詞よりも好ましいという学習者の選好が表れていると考えられる[23]。

4.5　個人データ分析

全体の分析に加えて，個々の学習者によるタイプ1から4についての判断を割り出した。ここでは，学習者が1つの文タイプに対して75%以上の一貫性をもった判断を行なった場合（例：4トークン中3トークン以上），それをその学習者の判断とした。表3では正解を〇で，不正解（正解とは逆の判断）を×で表し，それぞれに該当する学習者の人数とそれが全体に占める割合を示した。表3が示すとおり，この分析においても誤りが多いのは代名詞が非文法的に使われたタイプ4であることがわかる。

20　$F(1,157) = 116.833, p < .001, \eta^2 = .427$

21　再帰代名詞：$t(157) = -8.378, p < .001$，代名詞：$t(157) = 6.500, p < .001$

22　再帰代名詞：$t(157) = 4.338, p < .001$，代名詞：$t(157) = 12.954, p < .001$

23　$t(157) = -4.023, p < .001$

表3　一貫性をもった判断に基づく学習者数

タイプ1		タイプ2		タイプ3		タイプ4	
○	×	○	×	○	×	○	×
150 (94.9%)	1 (0.6%)	108 (68.4%)	24 (15.2%)	157 (99.4%)	0 (0%)	30 (19.0%)	94 (59.5%)

表4　代表的な判断のパターンとその学習者数

判断のパターン ＼ タイプ	1	2	3	4	人数
すべて正解	○	○	○	○	20
文法的な文のみ正解	○	×	○	×	13
非文法的な再帰代名詞のみ不正解	○	×	○	○	4
非文法的な代名詞のみ不正解	○	○	○	×	58

表4はタイプ1から4に関する代表的な判断のパターンを正解と不正解で表し，それぞれのパターンに当てはまる学習者の人数を示したものである。ここで，もっとも人数が多かったのは，非文法的な代名詞のみに不正解する学習者であり，すべてのタイプに正解した学習者は20名にすぎなかった。タイプ5と6に関する個人データの分析については次節で提示する。

5.　議論

全体の結果から，英語の初級学習者には代名詞が非文法的に使用された文の判断に困難が生じることがわかった。この言語知識の欠如は束縛原理の生得性に疑問を投げかけるものである。先行研究では，母語話者と同じ言語知識をもつ学習者が存在することが生得的な言語知識を否定するには至らない理由とされてきた。たしかに，本調査でも母語話者同様の判断を行った学習者は存在する。しかしながら，その数は158名中わずか20名（12.7%）にすぎない。この20名の言語知識が束縛原理によるものなのか，または，別の経路によるものなのかは後ほど議論するが，この数の少なさが示しているのは，大多数の英語初級学習者の文法には束縛現象に関しての言語知識が欠如しているという事実である。

ただし，言語知識の欠如を提案する際は，その有効性を妨げる外的な要因を検討し，排除することが重要である。本研究では原理 P の問題を排除するために 1 人称の代名詞 me を使用した。それにもかかわらず，タイプ 4 に多くの誤りが観察されたということは，代名詞に関する誤りの要因が原理 P 以外にあることを示唆している。

5.1　転移と拡張使用

誤りの要因として，ここでは転移と拡張使用について検討する。まず転移に関しては，日本語の「自分」と「私」が，そのまま英語に転移すると仮定した場合，タイプ 1 と 3 は正の転移として，タイプ 2 と 4 は負の転移として結果に現れる可能性がある。表 5 に示した「転移の可能性」という項目がこの回答パターンを行った学習者の人数である。この表からも明らかなように，代名詞に関して転移を起こした可能性のある学習者の人数（93 人）は，再帰代名詞に関して転移を起こした可能性のある学習者の人数（23 人）の 4 倍以上であり，これは全体分析の結果とも同じ傾向にある。すなわち，代名詞の場合は，非文法的な文の判断に誤りが多いということだけでなく，文法的な文の容認率が非常に高いことも転移の結果として説明がつく。

表 5　再帰代名詞と代名詞ごとの判断に基づく学習者数

	正解	転移の可能性
再帰代名詞（タイプ 1 と 2）	103	23
代名詞（タイプ 3 と 4）	30	93
両方	20	13

ただし，ここに現れたのは，あくまでも転移の「可能性」であり，実際に学習者の中間言語で転移が起こっているという証拠を提示したわけではない。また，転移が起こる場合，これが再帰代名詞に起こる可能性と代名詞に起こる可能性を独立的なものとして検討したが，この前提も確固たるものではない。別の可能性としては，転移が学習者単位で起こると考えることも可能であり，その場合，再帰代名詞と代名詞の両方に転移の結果が見られた 13 名の学習者がこれに該当することになる。

転移以外に学習者の文法に誤りを引き起こす原因として代名詞の拡張使用が考えられる。拡張使用は，第二言語習得においても動詞の自他などに観察されており，他動詞を使用すべき文に，他動詞だけでなく誤って自動詞を使用してしまう誤りが多く報告されている[24]。英語の代名詞の場合，その使用範囲は再帰代名詞より広く，主語や目的語だけでなく所有や虚辞などにも多く使用される。また，使用頻度については，母語獲得における親のインプットにおいても，日本で英語学習者が使用する教科書においても代名詞の数が再帰代名詞よりも多いことが報告されている[25]。よって，もし学習者が使用範囲や頻度をもとに「代名詞は，名詞や名詞句が使用される場所であれば，おおよそどこにでもその代用として使用できる」という誤った規則を導き出すとすれば，本来再帰代名詞が使用される場所に代名詞を使うという拡張使用が起こることになり，これはタイプ 4 の文を誤って容認する不正解としてデータに現れる。ただし，この場合，代名詞の代わりに再帰代名詞が使えないということにはならないので，このような学習者の中間言語では，I hate myself（タイプ 1）という文と *I hate me（タイプ 4）という文が共存することになる。個人データ分析（表 3）では，タイプ 4 が不正解であった 94 名のうち 87 名（92.6%）がこのような判断を行っていることがわかった。これは再帰代名詞と代名詞が相補分布を成すという基本的な規則に反することになるので，プリエンプションが機能していないことを示している。ちなみに，タイプ 4 が不正解で，かつタイプ 1 も不正解という場合，すなわち，代名詞の拡張使用が行われたところに再帰代名詞は使えないという相補分布的な判断をする学習者は皆無であった。

さらに，タイプ 4 に不正解だった 94 名について，タイプ 5 と 6 の結果を加えて分析してみる。もしタイプ 4 の代名詞に不正解だった原因が代名詞の拡張使用によるものならば，これらの学習者はタイプ 5 と 6 の文において，代名詞をより多く容認しているはずである。結果は，再帰代名詞の容認率は 64.1% だったのに対して，代名詞の容認率は 81.1% と予測通りだった[26]。また，94 名中 42 名（45.7%）が再帰代名詞と代名詞の両方を容認していたことから，ここでも再帰代名詞と代名詞を区別せずどちらも使用できると判断する学習者が一定数存在することがわかった。これは，束縛現象において例外

24 Oshita（2000）など。

25 母語獲得は Bloom, Barss, Nicol, & Conway（1994），日本の教科書は Shirahata（2007）参照。

26 $t(93) = -3.930, p < .001$

的に代名詞が容認される文型であり，皮肉にもこの点において，学習者は正しく判断していると言える。しかしながら，初級学習者の中間言語においてこのような過程が観察されることは，帰納的な学習としてのプリエンプションが機能していないことを表している。

5.2　習得経路

ここまでは学習者の誤りを中心に議論を進めてきたが，以後はタイプ 1 から 4 までを正しく判断した学習者 20 名を対象に分析と議論を行う。これらの学習者は束縛現象の言語知識を持つ学習者だと考えられるが，どのようにこの言語知識を習得したのか，タイプ 5 と 6 の判断をもとに検討する。

これらの学習者による再帰代名詞（タイプ 5）の容認率は 58.8%（標準偏差：37.4），代名詞（タイプ 6）の容認率は 66.3%（標準偏差：32.7）で，これらの平均値に有意差は認められなかった[27]。このことは，学習者はこの文型に使用された再帰代名詞や代名詞をタイプ 1 から 4 と同じように判断しているわけではないことを示している。

次に，個人データ分析によって，タイプ 5 と 6 の結果を見てみる。表 6 が示すように，再帰代名詞と代名詞の両方を却下した学習者がいなかったことを除けば，どのパターンもほぼ等しい人数である。ここではプリエンプションの観点から学習者の判断パターンについて議論し，さらに，束縛原理に照らし合わせて検証を試みることにする。

表 6　20 名の学習者によるタイプ 5 と 6 の判断

		再帰代名詞（タイプ 5）	
		容認	却下
代名詞（タイプ 6）	容認	5	4
	却下	4	0

まず，再帰代名詞も代名詞も容認するという 5 名に関しては，プリエンプションが働いていないと言える。しかし，これまでの学習過程でこの 5 名に

27　$t(19) = -.562, p = .581$

プリエンプションが働かなかったとは限らない。プリエンプションは相補分布に基づく判断であり，学習の比較的初期の段階で働くことが期待されるが，最終的にはこれを破棄して目標言語のインプットに従った学習を行う必要がある。この5名に関しても，すでにプリエンプションを破棄する段階にあると考えることも可能だが，初級学習者であることを考慮すると，この推測には疑問も残る。また，束縛原理の観点からは，代名詞を容認しているので，束縛原理Bに違反するということになるが，この5名は基本的な束縛現象（タイプ1から4）を正しく判断していたことから，束縛原理に違反しているのではなく，タイプ5と6のみ，特例としてインプットから学習した最終段階にある学習者だとも考えられる。もしこれが正しければ，初級の英語学習者であっても，束縛原理に従い，インプットに合わせて母語話者と同じ言語知識に到達することが可能だということになる。

次に，再帰代名詞か代名詞のどちらか一方を容認して，他方を却下した判断についてであるが，ここにプリエンプションが働くと考えた場合，論理的には以下の2通りの可能性が考えられる。

(10) a.　再帰代名詞を却下するプリエンプション：myselfを前提としていたがインプットにmeが現れたためmyselfを却下する。
b.　代名詞を却下するプリエンプション：meを前提としていたが，インプットにmyselfが現れたためmeを却下する。

(10a) のプリエンプションが働いている可能性があるのは，再帰代名詞を却下し代名詞を容認した4名である。これらの学習者の前提にあるのは，「先行詞が存在する単文で使えるのは再帰代名詞である」という規則であり，言い換えれば，束縛原理Aの知識である。ところが，実際にはこの文型で代名詞のインプットを受け取ったことから，これまでの知識に修正を加えることになり，この文型では再帰代名詞を却下したという可能性がある。この場合，束縛原理Aの知識を前提として，プリエンプションの機能は保持したままということになる。

これに対して (10b) のプリエンプションが働いている可能性があるのは，代名詞を却下し再帰代名詞を容認した4名である。これらの学習者の前提は

「先行詞が存在する単文で使えるのは代名詞である」という束縛原理 B に違反する規則ということになる。しかしながら，これは，すでにタイプ 1 から 4 を正しく判断しているこの 4 名の言語知識と矛盾することになる。よって，ここではプリエンプションが働くと考えるより，むしろ，最初から束縛原理に従って判断したと考える方が論理的な整合性があると思われる。

ここでは，20 名の学習者による判断のパターンに関して，プリエンプションと束縛原理という観点から説明を試みた。ここで観察された 3 つのパターンについては，最終段階にあるのが再帰代名詞と代名詞の両方を容認する判断であることは間違いない。しかし，どのようにしてここに行き着くのか，その過程に他の 2 通りのパターンが介在するのか，また，ここで観察された個人差，あるいは多様性が習得のメカニズムに関して何を示唆するのかは今後の研究で明らかにしていく必要がある。

6.　おわりに

本研究では，英語の束縛現象を通して，その習得過程における束縛原理とプリエンプションの効果を探った。日本語を母語とする英語の初級学習者は，その大多数が束縛現象に関する言語知識をもっていないことが実験の結果明らかになった。そこには日本語からの転移に加え，代名詞の拡張使用が関係していると考えられる。また，学習者の誤りのパターンや習得のパターンの結果から，生得的な言語知識としての束縛原理と帰納的な学習であるプリエンプションがどのように機能する可能性があるのか論じた。これらは，伝統的には二項対立的な概念として捉えられがちだが，この前提を取り払うことで，これまで見逃されてきた可能性や新たに検討されるべき問題が浮き彫りになることもある。本研究が多少ともその端緒となることを期待したい。

【外国語教育に関わる人が知っておくべきポイント】

- ヒトは少なくとも自分の母語に関しては言語知識をもっていて，それによって，文法的な文と非文法的な文を見分けることができる。
- 第二言語においては，この言語知識がどこまで習得できるのか，また，どのように習得されるのかということに関して異なる提案が存在する。

【執筆者から読者へのメッセージ】

第二言語習得のメカニズムを探る研究には，さまざまなアプローチがある。その中で，直感的に「これだ！」と感じるもの，または，自分が「好きなもの」を選びそれに固執して真実を追求する姿勢は重要だと思う。その一方で，さまざまな視点から異なるアプローチを試み，時にはそれまでの立場に修正を加える勇気を持つこともまた重要である。もし研究者を志すのであれば，広い心と広い視点を持って挑戦していただきたいと思う。

参照文献

Aikawa, T. (1999). Reflexives. In N. Tsujimura (Ed.), *The Handbook of Japanese Linguistics* (pp. 154–190). Blackwell.

Aronoff, M. (1976). *Word formation in generative grammar.* MIT Press.

Bloom, P., Barss, A, Nicol, J., & Conway, L. (1994). Children's knowledge of binding and coreference: Evidence from spontaneous speech. *Language, 70*, 53–71. https://doi.org/10.2307/416740

Brooks, P., & Zizak, O. (2002). Does preemption help children learn verb transitivity? *Journal of Child Language 29*, 759–781. https://doi.org/10.1017/S0305000902005287

Chien, Y-C., & Wexler, K. (1990). Children's knowledge of locality conditions in binding as evidence for the modularity of syntax and pragmatics. *Language Acquisition 1*(3), 225–295. https://doi.org/10.1207/s15327817la0103_2

Chomsky, N. (1981). *Lectures on government and binding.* Foris.

Chomsky, N. (1986). *Knowledge of language: Its nature, origin, and use.* Praeger.

Clark, E. (1987). The principle of contrast: A constraint on language acquisition. In B. MacWhinney (Ed.), *Mechanisms of language acquisition*, 1–34. Erlbaum.

Goldberg, A. E. (1995). *Constructions: A construction grammar approach to argument structure.* The University of Chicago Press.

Hestvik, A. (1991). Subjectless binding domains. *Natural Language and Linguistic Theory, 9*, 455–497. https://www.jstor.org/stable/4047688

Kuroda, S-Y. (1965). *Generative grammatical studies in the Japanese language.* [Unpublished doctoral dissertation]. MIT.

Oshita, H. (2000). What is happened may not be what appears to be happening: A corpus study of 'passive' unaccusatives in L2 English. *Second Language Research, 16*(4), 293–324. https://doi.org/10.1177/026765830001600401

Pinker, S. (1984). *Language learnability and language development.* Harvard University Press.

Reinhart, T., & Reuland, E.J. (1993). *Reflexivity. Linguistic Inquiry 24,* 657–720. https://

www.jstor.org/stable/4178836

Rutherford, W. (1989). Preemption and the learning of L2 grammars. *Studies in Second Language Acquisition, 11*, 441–457. https://doi.org/10.1017/S0272263100008433

Saito, M. (1985). *Some asymmetries in Japanese and their theoretical implications.* [Unpublished doctoral dissertation]. MIT.

白畑知彦 (2006a).「第 3 章 照応表現の解釈」若林茂則 (編)『第二言語習得研究入門—生成文法からのアプローチ—』(pp. 43–110). 新曜社.

白畑知彦 (2006b).『第二言語習得における束縛原理—その利用可能性—』くろしお出版.

Shirahata, T. (2007). Interpretation of English pronouns and reflexives by Japanese learners: A preliminary study.『静岡大学教育学部研究報告 (人文・社会科学篇)』*57*, 141–156.

Shirahata, T., Yoshimura, N., & Sawasaki, K. (2015). Locality and disjointness in adult second language acquisition. In C. Hamman, C., & E. Ruigendik (Eds.), *Language acquisition and development: Proceedings of GALA 2013* (pp. 460–475). Cambridge Scholars Publishing.

Suzuki, T., & Yagi, T. (2013). Does preemption help adult second language learners learn verb transitivity? *Second Language, 12,* 61–79. https://doi.org/10.11431/secondlanguage.12.0_61

Trahey, M., & White, L. (1993). Positive evidence and preemption in the second language classroom. *Studies in Second Language Acquisition, 15,* 181–204. https://doi.org/10.1017/S0272263100011955

White, L. (2003). *Second language acquisition and Universal Grammar.* Cambridge University Press.

Whitman, J. (1987). Configurationality parameters. In T. Imai, & M. Saito (Eds.), *Issues in Japanese linguistics* (pp. 351–374). Foris.

7

教室第二言語習得研究と英語指導法
―文法運用力を育てる指導過程の提案―

村野井 仁

1. はじめに

文法は目に見えない。こう言われたら戸惑う英語学習者は少なくないかもしれない。文法といえば，英語の教科書や参考書などに載っている文法事項であり，はっきり目に見えているじゃないかと言う人もいるだろう。しかしながら，目に見えているのは文法を記述したものであり，文法そのものは頭，つまり心の中にある知識とスキルだから直接目には見えないと考えてみるとその育て方も大きく変わる[1]。

本章では，この目に見えない文法を英語学習者が習得していくそのプロセスを推定し，英語教師がどのように指導すれば，目に見えない文法が学習者の中で育っていくのか実践的な指導過程を提案しながら考えてみたい。学習者が新しい文法事項に出会い，その形・意味・使用を理解し，自分の知識として内在化させ，その知識を自由に運用して言語表現ができるようになるためには，どのような変化が学習者内部で起きなければならないのか，第二言語習得への認知的アプローチに従ってその概略を確認する。そのプロセスを促すための指導過程として本章で提案するのは，筆者が例示・説明・練習・活用指導法（Presentation-Explanation-Practice-Activation：PEPA），略してPEPA指導法と呼ぶもので，以下の4つの段階によって構成される：①例示（社会的に意味のあるコンテクストの中で目標文法事項を教師が例示することによって，形式・意味・使用のつながりを学習者が暗示的に理解すること

1 Loewen（2020）は，文法（grammar）を “the internal cognitive system of rules about the morphology and syntax of a language（p. 104）” と定義している。

を促す），②説明（教師は文法事項の形式・意味・使用に関して明示的な説明を行う），③練習（文レベルでの有意味練習によって内在化を促す），④活用（社会と関わりのある課題解決型のタスクによって文法運用力を高める）。この指導過程は第二言語習得への認知的アプローチと社会文化的アプローチを統合したもので，内容についての主体的な学びと文法習得の両方を促すことができると考えられる。本章はその理論的背景と具体的な指導例を示すことをねらいとする。

2.　第二言語における文法運用力

何年も英語を勉強したのに実際のコミュニケーションでうまく使えないという日本人英語学習者の嘆きは今でも多く聞こえてくる。特に関係代名詞や仮定法などの複雑な文法を口頭で使いこなすことに困難を覚える人は依然として多いと思われる。文法を活用できるようになるためには，どんな壁を超える必要があるのか，以下の 2 点に焦点をあてて考えてみたい。

2.1　文法知識の自動化

文法を特に対人的な口頭でのコミュニケーションにおいて即応的に使うためには，意識的に学んだ文法知識を自由に口頭で使えるスキルに変化させなければならない。この変化は第二言語習得研究においてさまざまな角度から調べられてきており，その 1 つが統制的処理（controlled processing）と自動的処理（automatic processing）の 2 つの言語処理の観点からこの変化を捉えるものである。学習者が注意や心的努力を意識的に目標言語項目に払わなければ理解したり，使用したりできない場合，それは統制的処理による言語処理をしていることになる。一方，注意をほとんど必要とせず，即応的に言語項目を使うことができる場合，その言語処理は自動的処理によっている。統制的処理が自動的処理に変わる心的変化が自動化であり，文法運用力を育てるためにはこの変化を学習者内部にもたらす必要がある[2]。

このように何かが自由にできるようになる変化を認知心理学では手続き化としてとらえることがある。ことばで明示的に説明できる宣言的知識

2　自動化（automaticity）に関しては Segalowitz (2003) などを参照。

(declarative knowledge) が練習を重ねることによってその手続きがスキル化され，手続き的知識 (procedural knowledge) に変わると考える見方である。文法運用を支えるのはこの手続き的知識であり，いかに宣言的知識として学習した言語知識を手続き化していくかということが第二言語教師にとっての課題となる[3]。

明示的知識と暗示的知識の区別から文法運用力について考えることもできる[4]。教科書や文法書を読んだり，教師の説明を聞いて学んだりして学習者が意識的に得た言語知識を明示的知識 (explicit knowledge) と呼び，生まれながら生得的に持っている知識，あるいはその言語に触れることによって自然に身につく知識を暗示的知識 (implicit knowledge) と呼んで両者を区別することがある。この 2 つの知識はまったく別物であり，明示的知識が練習によって暗示的知識に変わることはないと考える研究者もいる[5]。これはノン・インターフェイスの立場と呼ばれる考え方で，自由な言語運用を可能にするのは暗示的知識であって，明示的に身につけたものは言語使用の正確さをチェックする監視機能 (モニター) としてしか働かないと考える立場である。一方で明示的知識は暗示的知識が育つのを何らかの形で促すというインターフェイスの立場をとる研究者も多い[6]。

本章で提案する文法指導過程は，自動化・手続き化を促し，学習者が自由に文法を運用して伝えたい意味を他者に伝えることができるようになることをねらうものである。

2.2　文法事項の形・意味・指導のつながり

教室で学んだ文法を実際の言語使用においてうまく使えないことのもう一つの理由に文法事項がいつ使われるのかを学習者が十分に理解していないということがある。文法事項の形・意味・使用 (form-meaning-use) のつながり

3　手続き化 (proceduralization) を進める外国語指導については，Johnson (1996) などを参照。

4　Ellis 他 (2009)，鈴木・佐久間・寺澤 (2021) などを参照。

5　Krashen (1987)

6　N. Ellis (2005)

を学習者が把握しない限り，文法を自由に運用することは困難である[7]。例えば，制限用法の関係代名詞であれば，形や意味についての知識に加え，この文法事項が人やものを紹介したり，描写したりするときに役立つものであることを学習者は理解する必要がある。制限用法の関係代名詞を使うことによって，描写する人やものがどのようなカテゴリーに属する人やものなのかをまず先行詞で示し，その中でほかの人やものとどのような点で違うのかを説明することができる。このような人やものを特定化して詳しく説明する便利な機能をこの文法事項が持つことを学習者に伝える指導が求められる。ちなみに，この特定化の機能は，英英辞典の随所で示されていることであり，例えば小児科医（pediatrician）は，a doctor who studies and treats the diseases of children と定義される[8]。doctor というカテゴリーに属する人であることを先行詞で示し，扱う対象が子どもである点で他の医者とは異なることを関係節の内容が示し，限定することによって特定化しているのである。

このような文法事項の機能や使用に関して十分な説明をしている英語教科書や文法参考書は筆者の知る限りきわめて少ない[9]。よって，この点を教師が教室での文法指導において補うことが求められている。

3.　文法習得のプロセス

3.1　文法習得への認知的アプローチ

英語学習者が初めて出会った文法事項を自由に使いこなせるようになるためには，学習者の頭の中でどのような変化が生じなければならないのだろうか。第二言語習得研究の中でも特に認知的アプローチによる研究においては，さまざまな認知プロセス（cognitive process），つまり内的変化の重要性が指摘されてきている。気づき，文法事項の形・意味・使用のつながりの理解（処理），仮説検証，意味交渉，自動化などの認知プロセスが第二言語習

7　Larsen-Freeman（2003）はこの form-meaning-use のつながりを学習者が把握することは文法力（grammaring）を育てる上で必須であると述べている。

8　*Oxford Advanced Learner's Dictionary*（9th ed.）の定義。

9　form-meaning-use のつながりを重視した教師用英文法解説書として Larsen-Freeman & Celce-Murcia（2016）は参考になる。同様の視点で編集された文法参考書の一つに Larsen-Freeman が監修する *Grammar Dimensions* シリーズがある。

得において大きな役割を果たしていると考えられている。

第二言語習得に対して認知的アプローチをとる研究者の中には，これらの個別の認知プロセスを学習者の中間言語システムの発達という観点からそれぞれを関連付け，統合的な第二言語習得のモデルを提案している人たちがいる[10]。図1はこのような統合モデルを簡略化して示したものである。

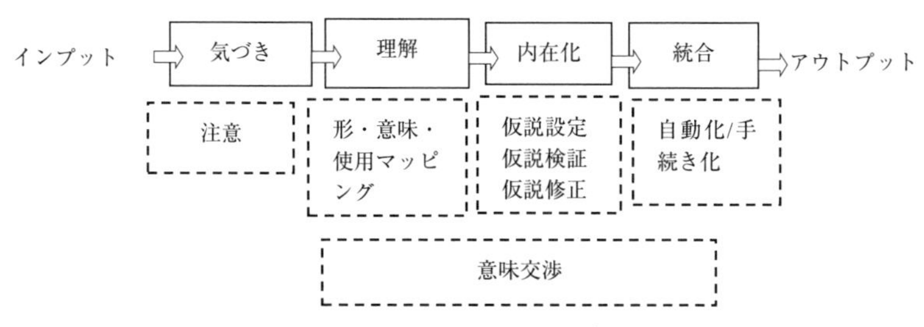

図1　文法習得に関わる認知プロセス[11]

統合モデルにおける第1のプロセスは，学習者がリスニングやリーディングによって受ける第二言語のインプットの中に含まれている新しい言語項目（語彙や文法）に学習者が気づくことである。例えば，それまではWho is he?のような疑問詞としてwhoを使ってきた学習者が，Dr. Nakamura is a doctor who helped people in Afghanistan. のような文に出会った時，疑問詞ではないwhoに何らかの形で注意を向けたとすると，そこに気づき（noticing）という変化が起きる。「あれ？いままでのwhoとちょっと違う」という気づきが文法習得の入り口であると考えられる。既習事項と新しい事項を比較するプロセスでもある。

このように先行詞であるa doctorをwho以下の部分が詳しく説明しているような文に何度か出会うことにより，whoが後ろの部分の主語になっているという形とその文が表す意味とのつながりがわかるようになってくる可能性が高くなる。さらに，その形がどんなときに使われどんな機能を果たすのか理解できるようになる。これが形・意味・使用のつながりをつかむという第2のプロセス，理解（comprehension）となる。学習者自身の文法，中間言語

10　Ellis (2008), Gass (1997), Skehan (1998) などを参照。
11　Ellis (2008), Gass (1997), Skehan (1998), 村野井 (2006) にもとづいて改変。

文法（interlanguage grammar）が生まれるきっかけの一つであると考えることができる[12]。

特定の文法事項の形・意味・使用のつながりを理解しただけではその文法を自由に使いこなせるようにはならない。理解のプロセスの後には，その文法事項を使ってみる機会が必須となる。関係代名詞の例でいえば，人やものを詳しく説明したり紹介したりするための機会が必要である。そのような使用が求められたときに，学習者はこんな形で表せばいいだろうというある種の仮説を自身の中に生まれたばかりの中間言語文法にもとづいて立て，その文法事項を使ってみることとなる。この言語使用そのものが自分の仮説が正しいかどうかを確かめる仮説検証（hypothesis testing）である[13]。相手に伝えたいことが伝われば仮説は認証され，伝わらない場合もしくは相手や指導者から訂正を受けた場合には仮説を修正することになる。このような仮説検証のプロセスを繰り返すことにより，文法知識が学習者の中間言語システムの一部となり，内在化（intake）という重要な変化が起きることになる。これが第3の認知プロセスである。仮説検証は意味交渉（negotiation for meaning）によって促されることが知られている。意味交渉とは，対話者同士が伝えようとするメッセージがうまく相手に伝わらない場合，それぞれが自分の発話を修正したり，修正を求めたりして，さまざまな努力をして，意味を共有できるよう相互に交渉することを意味している。この相互交流の中で仮説検証はもとより，その他の重要な認知プロセスが促されると考えられている。

第4のプロセスは，内在化された言語知識がさらに深く学習者の中に取り組まれることであり，これを統合（integration）と呼ぶ。統合を促す重要な変化は言語知識の自動化である。学習者が時間をかけたり，心的努力をしなければ処理できない状態から，注意力をあまり払わなくても瞬間的に処理できる状態への変化を意味している。

このような第二言語習得の認知プロセスを統合したモデルを扱う際に留意すべき点がいくつかある。一つはこのモデルはあくまでも推測にもとづくものでこれが唯一のものではないということである。これ以外にも生得的な能

12　学習者が用いる言語を中間言語（interlanguage）と呼ぶ。

13　アウトプットに伴う仮説検証に関してはMuranoi（2007）を参照。

力にもとづく習得プロセスや再構築などのさまざまなプロセスが第二言語習得には複雑に関与していると考える必要がある。

さらに心にとめるべき点は文法事項の特性によって習得のプロセスが異なり得るということである。図 1 が示す過程で習得が進められると考えられるのは，比較的単純で明示的に説明することが可能な文法である。文法の中には極めて抽象的で，人間が生まれつき持っている言語能力の一部と考えられるようなものも存在することがわかっている[14]。このような文法に関しては，仮説検証などの意識的なプロセスを経ることなく，目標言語のインプットを受けるだけで生成されることがある。このような場合，図 1 が示す認知プロセスとは異なるプロセスをたどると考えるべきであろう。さらに，I don't know. のようなひとまとまりの表現を丸ごと覚え，次第に分析的に規則を見いだしていくような習得パタンがあることも知られている[15]。

3.2　認知的アプローチへの批判：第二言語習得への社会文化的アプローチ

2000 年代に入ってから上記のような第二言語習得への認知的アプローチに対して社会文化理論（socio-cultural theory）にもとづいて第二言語習得を捉えようとする立場の人たちから批判の声が挙げられるようになった。インプットからアウトプットにつながる直線的な流れを重視する認知的アプローチでは，学習者をコンピュータのような情報処理の装置として扱っているため，学習者を社会の中で生きる主体的な存在として見ていないというのがその批判の一つである[16]。社会文化理論を第二言語習得研究に応用する研究者たちは，心理学者ヴィゴツキー（1896–1934）の考えにもとづき，さまざまな提案を行っている（例えば，学習者はそれぞれが独自の考えや人生経験を通してアイデンティティを作り上げた生きた存在（agent）であること[17]，学習者が主体性（agency）を育むのを促すことが教育の本質であること[18]，学習者と学習対象との間にアフォーダンスと呼ばれる意味のある関係が成り立つと

14　生得的な第二言語能力については若林（2006）などを参照。
15　柏木（2020）などを参照。
16　Block（2003）
17　Ushioda（2009）
18　van Lier（2011）

き，学習者は主体的な行動を起こすこと[19]など）。このように社会文化的アプローチは英語指導において主体的な学びを促すために極めて重要な視点を与えてくれる。

3.3　文法習得の認知プロセスを促す指導

1990年代から指導を受けた第二言語習得に関する研究が活発に行われ，第二言語の認知プロセスを促す文法指導として様々なものが提案されてきている[20]。以下にその主なものの概略を示す。

3.3.1　インプット処理（input processing）

インプット処理はVan Patten（1996）によって提案された指導法で，目標文法項目の形と意味のつながりを学習者が把握できるように，目標文法項目を含んだ文をたくさん学習者に理解（処理）させるものである[21]。学習者はさまざまな言語処理ストラテジーをもともと持っているのでそれらを活性化させることにより，第二言語習得を促すことができると考えられている。

3.3.2　フォーカス・オン・フォーム（focus on form）

伝統的な構造中心の文法指導やリスト化された概念・機能にもとづいた言語指導は，意味やコミュニケーションと切り離されていることが問題であるという点に着目し，意味重視，コミュニケーション重視の言語活動の中に文法指導や文法学習を組み込むことの重要性をLongらが指摘し，そのような指導理念をフォーカス・オン・フォーム（FonF）と呼んだ[22]。

Long（1995）は意味重視の言語活動の中で学習者がコミュニケーション上の問題に直面したときに何らかの形での形式に学習者の注意を向ける処置を行う反応的な（reactive）指導をFonFとみなしている。その後，多様な形態

19　アフォーダンス（affordance）とは「与えること」を意味する。環境が生物体に意味のある何かを与えてくれる時に両者の間にアフォーダンスの関係が生まれると考えられる。van Lier（2000）を参照。

20　指導を受けた第二言語習得研究についてはLoewen（2020）などを参照。

21　インプット処理に関しては白畑・若林・村野井（2010）などを参照。

22　フォーカス・オン・フォームに関してはLong（2015）などを参照。

の FonF が様々な人々によって提案され，コミュニケーション活動の前に事前対策的（proactive）な明示的な文法指導を行うことや，活動の後に文法使用に関する講評を行うことも FonF の一形態であると考えられるようになった[23]。重要な点は，文法は意味のあるコンテクストの中で指導・学習されることによって効果的に習得されるという点である。

3.3.3　タスク中心指導（task-based instruction）

タスク中心指導とは，何らかの課題解決を目的とした活動を行い，教室内に言語使用の環境を作り出すことによって第二言語習得を促す指導である[24]。タスクとは日常生活で私たちが直面する課題もしくは問題のことであり，言語学習としての課題ではない。例えば，4 人の就職希望者の中から採用者を 1 名決定する課題(意思決定タスク)，いなくなったペットを迷子ペットセンターに電話をかけて探し出す課題（問題解決タスク），新しく来る ALT のために自分たちの街を紹介するパンフレットを作る課題（プロジェクト・タスク）など，現実生活で起こり得る課題を設定することが推奨されている。架空のものではあっても現実感のある課題を目標言語を使って解決するために学習者がたくさんやり取りをし，言語運用能力が高まると考えられている。タスクの複雑性とタスクを行う際の参加者の要因を調整することによってタスク中の発話の文法的正確性・複雑性・流暢性を向上させ，効果的に第二言語発達を促すことができると考えられている。

3.3.4　文法指導過程としての PPP と ESA

伝統的な文法指導の手順としてよく知られているのが「提示・練習・産出」指導法（Presentation-Practice-Production：PPP）である。これは，目標文法事項を提示し，口慣らしの練習し，最後に産出活動をして終わるという指導過程を表している。模倣と反復による学習を重視する行動主義心理学にもとづいた外国語教授法においてよく用いられていたことから，意味を無視した機械的なパタン・プラクティスの代名詞としてみなされることも多い指導

23　Williams（2005）
24　タスク中心指導法については Long（2015）などを参照。

過程である。

PPP が機械的な活動になりがちであることに留意して，Harmer (2015) は Engage-Study-Activate (ESA) という指導過程を提唱している。最初の Engage では学習者にその文法事項と深く関わるように教師が導入を工夫する。Study ではその文法の形や用法について学習者が調べ，理解することを促す。最後の Activate の段階では学習者がその文法を活用する機会を設定する。ESA の順序は固定的なものではなく，EAS, ESEAS など柔軟な組み合わせが許容されるのが特徴のひとつである。

3.3.5　内容言語統合型学習 (CLIL)

CLIL (Content and Language Integrated Learning) とは内容と言語を統合することによって内容そのものに関する学びと言語習得の両方を促す学習を意味している[25]。社会や理科の教科内容を目標言語で学ぶことや，教科書の題材内容を重視した外国語の授業など，多様な形態で実施することが可能である。CLIL では 4 つの C として，思考 (cognition)，地域 (community)，内容 (content)，コミュニケーション (communication) を柱として学習を組み立てている。特に自分たちが住む地域社会との関連を重視することが多く，学習者が社会的存在として学習に取り組むことが促されるのが特徴の一つである。日本の小中高における検定教科書の題材内容を重視して CLIL 的要素を持った英語授業を行う教師も増えてきている。

4.　文法習得の認知プロセスを促す統合的文法指導

インプット処理指導，アウトプット重視活動，修正的フィードバックを用いた FonF 指導など，第二言語習得理論にもとづいてこれまでに提案された第二言語指導理念や指導法の多くは，第二言語習得の限定されたプロセスに働きかけることをねらいとしたものが多い。本節では，これまでに提案されてきた指導理念や指導法を組み合わせることによって，文法習得の認知プロセスを促すことをねらった統合的な文法指導過程を提案する。英語学習者に

25　CLIL に関しては Mehistro, Marsh, & Frigols (2009) などを参照。また，CLIL の実践方法については和泉 (2016) などを参照。

とって新しい文法事項を教師が提示し，学習者が文法事項との関わりを深め，自分の第二言語システムの一部として取り込むことを促し，その結果，実際の言語使用の機会において自由にその文法事項を運用できるようになることを支援する指導過程である。この文法指導全体を社会的に意味のある題材を用いて行うことも重要なポイントであり，そのことによって学習者が社会的存在として主体的に学習活動に取り組むのを促すこともねらいとしている。

4.1　第二言語習得の統合モデルと PEPA

本章で提案する文法指導過程は PEPA と略称される。これは例示また導入としての Presentation，説明としての Explanation，練習としての Practice，活用としての Activation の頭文字から成る指導過程である。図 2 に PEPA の概略を示す。

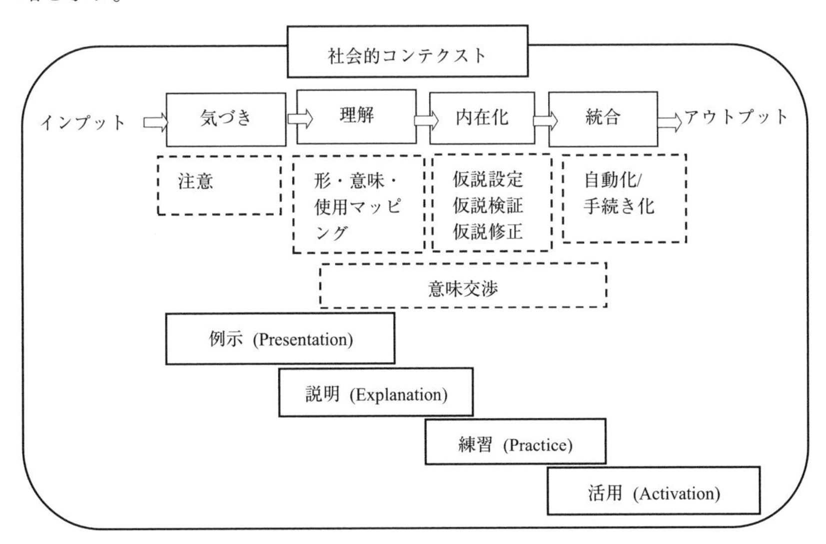

図 2　文法習得に関わる認知プロセスと PEPA による文法指導過程

PEPA は図 1 で示した文法習得の認知プロセスに沿った指導及び活動を有機的に関連付けながらその全体を社会的コンテクストの中に組み込むことをねらったものである。

4.1.1　PEPAの最初のP：例示（Presentation）

PEPAの最初の段階において教師が促すのは気づきと理解のプロセスである。この段階で最も大切なのは，学習者の興味・関心を題材内容に引き付けることである。それは学習者が題材内容に関して持つ背景知識を活性化すること，その題材内容が自分と関わるものであることに気づかせることによって可能になる。学習する対象と学習者の間に豊かな関係が生まれれば，学習者が学びの主体となることができる。前述のアフォーダンスの関係を学習者と学習対象の間に築くことをめざす。例えば，キング牧師が題材で目標文法事項が関係代名詞である単元を扱う際に，ずいぶん昔に遠い国で差別を無くすために頑張った偉人なのだと歴史的事実を単に伝えるだけではアフォーダンスの関係は生まれにくい。身近に存在する差別やいじめの実例を視聴覚補助を使いながら示し，この不合理にどう対応すればいいか考えるきっかけを作った上で，一切暴力を使わずに戦い抜いた人たちの1例として公民権運動やそれを導いたキング牧師を紹介したとすれば，アフォーダンスが生まれる可能性は高くなる。その際に，Dr. King is a great leader who fought against discrimination in non-violent ways.のような文をたくさん聞かせて，既習の疑問詞whoとは違う意味・用法のwhoに気づかせ，暗示的に形・意味・使用のつながりを把握させることができれば，第2の理解のプロセスを促すことになる。

目標文法事項を含んだ文をたくさん理解することはインプット処理指導の原理に沿った指導になるだけでなく，すごいことを成し遂げた人物について学ぶというコンテクストの中でインプット処理が行われることに大きな意味がある。形・意味・使用のつながりの中の特に使用についてしっかり理解できるからである[26]。前述の通り，文法の機能はことばで説明することは難しく，教科書や文法書には書かれていないことが多い。形や意味だけでなく，いつ使うのか，何のためにある文法事項なのかを示すためには教師が実際に使って見せるのがもっとも手っ取り早く，効果的である。それを積極的にするのが例示の段階である。もしも英語で行うことが難しい場合には基本となる文は英語で示しながら背景的な情報を日本語で提供することも一つの方法

26　Doughty (2001) はフォーカス・オン・フォームの指導において，一つの認知活動の中で形・意味・使用が同時に処理されるため，第二言語習得にとって重要なこの3つのつながりを学習者が理解することを促すと指摘している（p. 211）。

であろう。

4.1.2　PEPA の E：説明（Explanation）

PEPA の第 2 の段階は説明である。例示で暗示的に理解した目標文法事項に対する理解を明示的な説明で整理するのがこの段階のねらいである。例示において新しい文法事項に気づくことができなかった，あるいは，ぼんやりとしか理解できなかった学習者がもしいたとしてもこの段階で支援することができる。

明示的説明はそれ自体が学習対象となるべきではなく，例示の段階で学習者がつかんだ文法知識をより確実なものにするための補助的なものと考える必要がある。この考え方は Corder が提唱した教育英文法（pedagogic grammar）と軸を同じくするもので，明示的な文法説明は学習者の心の中に中間言語の文法システムが育つのを助けるものであるという考え方である[27]。よってこの段階では説明をすることと共に例示に加えてたくさんの例を提供することも同時に行う必要がある。学習者の中に文法システムを育てるために必要な養分や水分そして陽光を与えるような有機的な感覚で指導を行うのが例示と説明を効果的に行うためのポイントである。

4.1.3　PEPA の 2 番目の P：練習（Practice）

この段階からインプットからアウトプットへベクトルが変わる。つまり学習者が自分の中に育てた文法知識を使って何かを表現する活動が中心となる。目標文法事項を使いこなす操作能力を高める練習がここでは主となる。機械的なパタン・プラクティスのように意味のない練習ではなく，例示やこの後の活用の段階で扱う一貫した題材内容に合った有意味パタン・プラクティスを行いたい。この意味はこういう形で表せばいいのだろうという仮説を学習者に立てさせ，その正しさを検証する仮説検証を行うことがこの段階のねらいである。制限用法の関係代名詞であれば，人の名前，先行詞，関係節になる文を視覚補助（絵や写真）と共に学習者に複数示し，まずは口頭で，

27　Corder（1973）は "pedagogical descriptions are *aids* to learning not the *object* of learning (p. 331)" と述べている。文法指導の在り方に大きな示唆を与えてくれる記述である

次に筆記で文を生成していく練習が典型的なものになる。その際の人物は実在の人物であることが望ましい。

4.1.4　PEPA の A：活用 (Activation)

PEPA の最後の段階は活用である。例示，説明，練習の段階を経て育てた文法知識を使って何らかの意味のある表現活動をすることが活用の主眼である。もっとも一般的なのはプレゼンテーションや Show and Tell などの「話すこと (発表)」による表現活動であろう。学習者個人もしくはグループで調べ活動を行い，目標とする文法事項を活用しながら調べたことを他者に伝えるプロジェクト活動も効果的である。口頭発表の後に内容を文字でまとめて何らかの成果物を作成すると学んだことが目に見えて達成感を確認することができる。

このような口頭発表の際に，できる限り避けるべきなのは発表原稿をそのまま読んでしまったり，準備した内容を暗記して発表してしまうことである。どちらも自然な表現活動ではなくなってしまうからである。原稿を見てはいけない，内容を暗記してはいけないという縛りだけでは学習者に負担がかかってしまう。そこで活用したいのがコンセプト・マップを使って，メッセージ内容を図示し，それを使いながら柔軟に発表する活動である。発表の際に使用する視覚資料にキーワードを複数載せ，それを起点にしながら口頭表現をすることは，普通のスピーキングと同じような言語処理を行うことになることに注目したい。

Levelt が母語話者のスピーキングにおける処理過程を示したプロダクション・モデルは，コンセプト・マップの効果を教師が把握する上で示唆に富む (図 3 参照)。学習者にプレゼンテーションやリテリングなどの口頭発表させる際に，コンセプト・マップあるいはキーワードを付した写真や絵があれば，伝えるべきメッセージが何であるのかを記憶する必要はなく，学習者の注意や心的努力はどのような文法そして音声で言語化すればよいのかという点に集中することができようになる。キーワードが与えられていれば，それらの語句の持つ文法情報や音韻情報が言語化を促してくれる。視覚補助なしで話す際には，①伝える内容を覚え，②そのための言語表現を覚え，さらに③言語化しなければならないという学習者にとって 3 重の負担が，言語化 1

つに減るのである。そうして生まれた余裕をよりよく伝えるための工夫にあてることが可能になる。

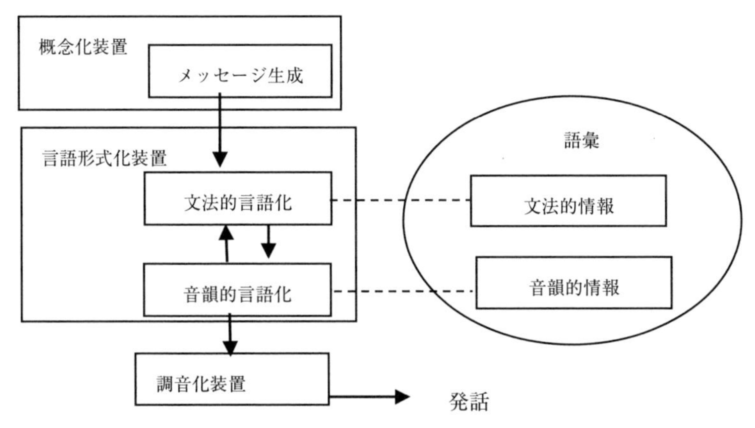

図3　スピーキングにおけるプロダクション・モデル[28]

4.2　PEPAの実践例

ここでは，筆者が担当する大学の英語科教育法の授業において行った文法指導の授業例を紹介する。高等学校における文法指導を想定して模擬授業として行ったもので，目標文法事項は制限用法の関係代名詞と関係副詞である。題材内容は「個人的にノーベル平和賞を上げたい人物」である[29]。

例示の段階では，指導者が個人的にノーベル平和賞を上げたい人物についてパワーポイントに載せた写真とキーワードを使いながら英語でプレゼンテーションを行う。この授業では，宮城県石巻市で江戸時代に活躍した川村孫兵衛，医療活動・灌漑事業でアフガニスタンとパキスタンの人々を助けた中村哲，スウェーデンの環境を守る活動を続けるグレタ・トゥーンベリ，ケニアで持続可能な開発を目指し，日本の「もったいない」の概念に注目したワンガリ・マータイについてそれぞれ2枚のスライドを作成して，紹介し

28　Levelt (1998) を簡略化して改変。

29　この活動のアイディアは岩手県立不来方高等学校の松尾美幸指導教諭からご教示いただいた。

た。この例示の焦点は文法事項ではなく，世界にはすごい人がいるという意味・メッセージに当てられており，指導者はこの4人がどんな偉業を行ったのか熱く学習者に語りかけることに注力する。その過程において，関係代名詞を使って，それぞれの人物がどんな人でどんな特徴を持っていたのか，関係副詞を使ってそれぞれどんな場所で活動していた（いる）のかを伝える。同じコンテクストで目標文法項目に繰り返し触れさせるのがねらいである。

続く説明の段階では，明示的な文法指導を行う。例示において音声で聞かせた文を使い，図4のような資料を用いて，その構造を明示的に説明する。

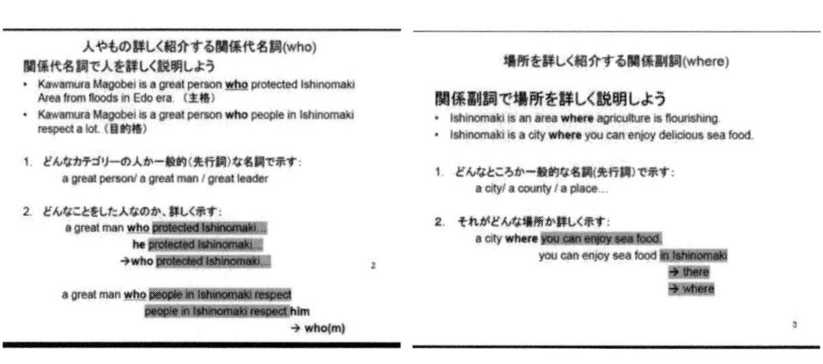

図4　PEPAの説明で用いる明示的文法指導の資料例

練習の段階では，学習者は3人一組で小グループを作り，中村哲，グレタ・トゥーンベリ，ワンガリ・マータイの内，だれか一人を担当し，ほかのメンバーに紹介する活動を行う。指導者が用意したコンセプト・マップを自分のPC上で修正，加筆し，個人でリハーサルを重ねた後，グループの他の2人を聴衆としてプレゼンテーションを行う。図5に示したコンセプト・マップを活用しながら，それぞれの人物について自ら調べた情報も加えながら口頭で紹介する表現活動を行う。

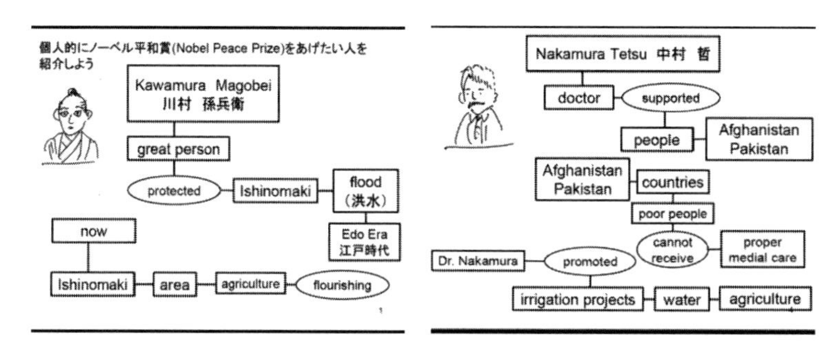

図5　PEPAの例示で用いるコンセプト・マップの例

提示，説明，練習に続く，活用の段階は，より主体的な関わりが学習者に求められる。自分自身が個人的にノーベル平和賞を上げたい人物を選び，その人物について調査を行い，キーワードを3つ程度上げて似顔絵または写真と共にグループで他者に紹介する活動である。この際，必ず関係代名詞と関係副詞を使用することが学習者に求められる。口頭発表の後に，話した内容をレポートとして書くことによってまとめ，提出し，指導者はそれを添削して返却する。口頭発表の内容もパワーポイントに音声を録音して提出する。

授業で学生たちが挙げた人物には以下が含まれていた：黒柳徹子，マララ・ユサフザイ，エマ・ワトソン，平塚らいてう，志村けん，大谷翔平，チャドウィック・ボウズマン，母，上杉鷹山，能美輝一，オードリー・ヘプバーン，尾田栄一郎，サンドイッチマン，マイケル・ジャクソン，宮崎駿，ジャシンダ・アーダーン，アンリ・デュナン，栗山さやか，りゅうちぇる，一青窈，葉田甲太，杉原千畝，稲井佳子，レオナルド・ディカプリオ，中沢啓治など。

学習者が主体的に紹介する人物を選び，他者にその魅力を視覚補助を使いながら伝える対話的な活動となる。指導者が全く知らない人物が紹介されることも多く，学習者の関心がどのようなところにあるのかを知る機会にもなる本物の言語使用となり得る活動である。

5.　おわりに

本章では第二言語習得研究の知見にもとづき，効果的であろうと思われる文法指導手順を紹介した。理解から表現，インプットからアウトプットにつながる指導過程であり，目新しいものではない。大切なのは単に文法のみを指導目標とするのではなく，その授業において世界に関する知識が増え，学習者の見方・考え方がほんの少しでも変わるような意味のある内容を中心にすることだと考えられる。学習者が社会的存在となって関わることのできる活動を文法指導においても実践するための指導過程を紹介させていただいた。

【外国語教育に関わる人が知っておくべきポイント】

- 文法指導では，形・意味・使用のつながりの習得と文法知識の自動化を促す必要がある。
- 題材内容を大切にして第二言語習得の認知プロセスに沿ったPEPA（例示・説明・練習・活用）の流れで文法を指導すると文法運用能力が育ち，主体的な文法学習を促すことが可能になる。

【執筆者から読者へのメッセージ】

第二言語習得研究にもとづいてどう文法を教えるのかいいのか考えてみました。PEPAという指導過程を紹介しましたが，何と呼ぼうとも基本はあまり変わらないように思います。意味のある言語活動の中で文法をしっかり理解して，使ってみれば心の中に目に見えない文法が育つのではないでしょうか。

参照文献

Block, D. (2003). *The social turn in second language acquisition.* Georgetown University Press.

Corder, P. (1973). *Introducing applied linguistics.* Penguin.

Doughty, C. (2001). Cognitive underpinnings of focus on form. In P. Robinson (Ed.), *Cognition and second language instruction* (pp. 206–257). Cambridge University Press.

Ellis, N. (2005). At the interface: Dynamic interactions of explicit and implicit language knowledge. *Studies in Second Language Acquisition, 27*(2), 305–352. https://doi.org/10.1017/S027226310505014X

Ellis, R. (2008). *The study of second language acquisition* (2nd ed.). Oxford University Press.

Ellis, R., Loewen, S., Elder, C., Erlam, R., Philp, J., & Reinders, H. (Eds.). (2009). *Implicit and explicit knowledge in second language learning, testing and teaching.* Multilingual Matters.

Gass, S. (1997). *Input, interaction, and the second language learner.* Lawrence Erlbaum Associates.

Harmer, J. (2015). *The practice of English language teaching* (5th ed.). Pearson.

和泉伸一 (2016).『フォーカス・オン・フォームとCLILの英語授業』アルク.

Johnson, K. (1996). *Language teaching & skill learning*. Blackwell.

柏木賀津子 (2020).「用法基盤モデルとCLILに基づく英語の指導」白畑知彦・中川右也 (編)『英語のしくみと教え方ーこころ・ことば・学びの理論をもとにしてー』(pp. 161–188). くろしお出版.

Krashen, S. (1987). *Principles and practice in second language acquisition.* Prentice-Hall.

Larsen-Freeman, D. (2003). *Teaching language: From grammar to grammaring.* Newbury House.

Larsen-Freeman, D. & Celce-Murcia, M. (2016). *The grammar book: Form, meaning, and use for English language teachers* (3rd ed.). Heinle Cengage Learning.

Levelt, W. (1989). *Speaking*. MIT Press.

Loewen, S. (2020). *Introduction to instructed second language acquisition* (2nd ed.). Routledge.

Long, M. (2015). *Second language acquisition and task-based language teaching.* Blackwell.

Mehisto, P., Marsh, D., & Frigols, M. J. (2009). *Uncovering CLIL: Content and language integrated learning in bilingual and multilingual education.* Macmillan.

村野井仁 (2006).『第二言語習得研究から見た効果的な英語学習法・指導法』大修館書店.

Muranoi, H. (2007). Output practice in the L2 classroom. In R. DeKeyser (Ed.), *Practice in a second language: Perspectives from applied linguistics and cognitive psychology* (pp. 51–84). Cambridge University Press.

Segalowitz, N. (2003). Automaticity and second languages. In C. J. Doughty, & M. Long (Eds.), *The handbook of second language acquisition* (pp. 382–408). Blackwell.

白畑知彦・若林茂則・村野井仁 (2010).『詳説第二言語習得研究』研究社.

Skehan, P. (1998). *A cognitive approach to language learning*, Oxford University Press.

鈴木渉・佐久間康之・寺澤孝文 (編) (2021).『外国語学習での暗示的・明示的知識の役割とは何か』大修館書店.

Ushioda, E. (2009). A person-in-context relational view of emergent motivation, self and identity. In Z. Dornyei, & E. Ushioda (Eds.), *Motivation, language identity and the L2 self* (pp. 214–228). Multilingual Matters.

van Lier, L. (2000). From input to affordance: Social-interactive learning from an ecological perspective. In J. Lantolf (Ed.), *Sociocultural theory and second language learning* (pp. 245–259). Oxford University Press.

van Lier, L. (2011). Language learning: An ecological-semiotic approach. In E. Hinkel (Ed.),

Handbook of research in second language teaching and learning, Volume II (pp. 383–394). Routledge.

Van Patten, B. (1996). *Input processing and grammar instruction: Theory and research*. Ablex.

若林茂則（編）(2006).『第二言語習得研究入門―生成文法からのアプローチ』新曜社.

Williams, J. (2005). Form-focused instruction. In E. Hinkel (Ed.), *Handbook of research in second language teaching and learning* (pp. 671–691). Lawrence Erlbaum Associates.

8
脳波で可視化する第二言語習得
—意味と統語の脳内処理—

尾島司郎

1. はじめに

本章では，脳波（事象関連脳電位 Event-Related Potential: ERP）を用いた第二言語習得研究の成果を振り返りながら，脳という切り口から明らかになる第二言語習得（Second Language Acquisition: SLA）のプロセスを概観する。具体的には，脳機能計測の仕組みと ERP による母語処理研究を簡単に紹介した後，通常の SLA 研究において重要なテーマに即した形で ERP 研究の中から代表的な研究成果を解説していく。まずは，第二言語（L2）の発達に伴う ERP の変化を概観しながら，学習者に共通する発達パターンを確認する。次に，L2 学習者に内在する個人差の中から，L2 の学習開始年齢と母語転移が ERP にどのように影響するのかを見る。最後に，外的な個人差の影響として，学習環境・学習方法に関連する ERP 研究を紹介する。これらの ERP 研究の結果は全体として過去の SLA 研究と整合性がある。ERP は生体から得られた電気的な信号に過ぎず，SLA の理論や知見とは完全に独立している可能性もあるが，これまでの ERP 研究はむしろ，脳反応は SLA 研究の知見に沿った変化をすることを示している。

2. 非侵襲的脳機能計測を用いた言語研究

2.1 非侵襲的脳機能計測

現代では，健常者に広く適用できる非侵襲的脳機能計測という画期的な手法で，言語と脳の関係が調べられるようになっている。侵襲というのは，体に害がある，体を傷つけるという意味なので，非侵襲的脳機能計測とは体を全く傷つけることなく，頭の外から脳の働きについて調べる方法を示す。現在，言語能力と脳の関係を調べる際に使われている脳機能計測には，大きく分けて 2 種類あり，それぞれ異なる計測原理に基づいている。

一つ目は脳波に代表される時間分解能が高い計測手法である。脳の中の情報処理は 1000 億個ともいわれるニューロン（神経細胞）が構成するネットワークによって支えられている。ニューロン同士が神経線維を通して電気信号をやり取りすることで，脳の中を猛スピードで情報が伝わっていく。この時に起こる電気的な変化を観察するのが脳波である。英語では electroencephalogram というが，直訳すると脳電図となり，脳波と電気の関係をよく表している。現在の脳波計は 1 秒間に 1000 回以上の計測が容易にできるので，脳波を通して脳活動の時間経過を調べることができる。このように時間的に正確な情報が得られることから脳波は時間分解能が高いと言われる。しかし観察している脳活動が実際に脳のどこで起こっているのかはわからない。言い換えるなら空間分解能が低い。

主要な非侵襲的的脳機能計測手法の二つ目は，核磁気共鳴画像法（functional Magnetic Resonance Imaging: fMRI）に代表される空間分解能の高いものである。空間分解能が高いとは，脳活動が脳のどこで起こっているのかについて正確な情報が得られやすいということである。しかし，fMRI が見ている血流の変化は脳活動が起こってから数秒かけて変化するような非常にゆっくりしたもので，fMRI の時間分解能は低い。本章では，上記 2 つの手法のうち ERP 研究に焦点を当てる。

2.2　脳波を用いた母語処理の研究

母語処理研究は 1980 年頃から脳波を用いて重要な知見を見い出している。脳波実験で被験者に母語で書かれた何かを読ませて脳波を取得する場合，一つの文全体を一度に画面に呈示するのではなく，単語ごとや句（フレーズ）ごとに短い時間出しては消すを繰り返しながら呈示していく。認知神経科学では，単語などの言語刺激を被験者に見せたり聞かせたりすることをある種のイベントと見なし，そのイベントが起こった直後の脳波をイベント（事象）に関連する脳電位，すなわち，事象関連電位（ERP）と呼ぶ。

言語を対象とした ERP 研究では，単語などの言語刺激を呈示していく際に，文中のどこかにある種の誤りを入れておき，誤りが呈示された瞬間のERPを取得するのが一般的なやり方である。例えば，下記の（1）の2つの文を比べると，下線の部分でaは特に問題がないのに対してbは突然，意味がおかしくなっている。

（1）a.　This house has ten <u>rooms</u> in total.
　　b.　??This house has ten <u>cities</u> in total.

このように文中で意味的な誤りを引き起こす単語（例：1bのcities）と，正しく文を継続させる単語（例：1aのrooms）が含まれる刺激文をそれぞれ数十個作成し，誤りのある単語と正しい単語に対するERPを比較すると，意味処理に特異的な脳波成分が見えると考えられる。このような方法でERP実験を行うと，母語処理においてはN400と呼ばれる大きな脳波成分が出現することが繰り返し確認されている[1]。成人の英語母語話者に意味的な誤りが含まれる英文を呈示しながら取得したN400の例を図1の左に示す。

ここで面白いことに，刺激文に統語的な誤りが入っていると，母語話者の場合，N400とは異なる脳波成分が出ることが多い。統語的な誤りに対して最も安定して，しかも多くの種類の文法構造で観察されてきたERPはP600と呼ばれるものである[2]。次によく報告されているLeft Anterior Negativity（LAN, 頭の左前の方に出現する陰性ERPの意味）は，統語的な誤りの中でも特に形態統語的な誤りに対して頻繁に報告されている。例えば，下記の（2）の例文だと，（2a）は統語的に問題ないが，（2b）は下線の動詞に形態素

1　Kutas & Hillyard（1980）

2　ここでNやPは電位の極性を表し，Nはネガティブ（陰性）のNでPはポジティブ（陽性）のPであり，図に表すとN400とP600のピークは上下反対方向になる。認知神経科学では通常，陰性電位を上に，陽性電位を下にプロットするのでN400は上方向に，P600は下方向に描かれる。400や600などの数字は大きさが最大になる大体のタイミングを表し，例えばN400は刺激提示後400ミリ秒後に最大になる。P600のピークはあまりシャープでないので，どの実験でも刺激提示600ミリ秒後に最大になっているわけではないが，出現するタイミングがN400よりも遅いのは確かである。言語性の刺激で出現する脳波成分は，大雑把に分けると，早い時間帯（刺激呈示250ミリ秒以内），中間の時間帯（300から500ミリ秒），遅い時間帯（500ミリ秒以降）の3つの時間帯で出現することが知られている。N400やLANは中間の時間帯，P600は遅い時間帯で出現する。

の s が誤って付いており，統語的な誤りを引き起こしている。このような場合，図 1 の右に示すように母語話者から LAN や P600 が観察されることが多い。統語的な誤りに対して出現する ERP としてほかに Early Left Anterior Negativity（ELAN）という，ドイツ語において句構造規則の違反に対してよく報告されているものもある[3]。

（2） a.　Turtles move slowly.
　　 b. *Turtles moves slowly.

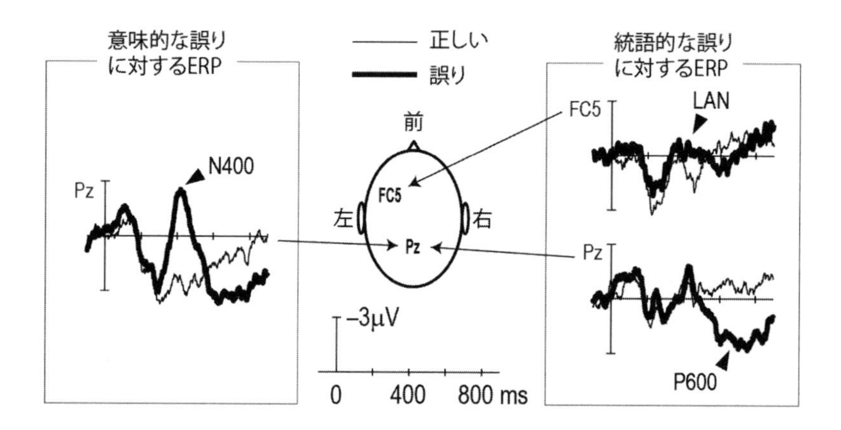

図 1　意味的な誤りや統語的な誤りに対して出現する ERP の例[4]

3. 第二言語習得を脳機能計測で探る

脳の中で L2 能力はどのように発達していくのだろうか。脳機能計測を用いない通常の SLA 研究（被験者の発話，文法性の判断，ボタンを押しなどの行動データを取得する研究を「行動研究」という）において，最も重要な知見の 1 つは，L2 の発達には個人差を超えた共通のパターンがあるということである。L2 を習い始めたばかりでいきなり流暢に話し始める学習者はおらず，まずは名詞や動詞など 1 単語だけを発話することが多い。次に主

3　Friederici, Hahne, & Mecklinger（1996）
4　Ojima, Nakata, & Kakigi（2005）より改変。

語，動詞，目的語など重要な要素を並べることができるようになるが，この段階で同時に文法的な形態素など意味的貢献の薄い要素を使いこなせるようになるわけではない。形態素の習得はさらにこの後の段階になる。形態素の中でも，早く習得されるものと，かなり遅く習得されるものがあり，全てを使いこなせるようになる前に成長が止まってしまうケースも珍しくない。このように L2 能力の発達には共通のパターンがあることが行動研究から明らかになっているが，ERP 研究からも似たようなことが言える。

3.1　第二言語の発達に伴う脳反応の変化

脳機能計測により調べた L2 学習者の脳反応が，学習初期からいきなり母語話者と同様であることはまずない。それではどんな脳反応が観察され易いのであろうか。L2 学習者を対象とした古い ERP 研究から一貫していることは，意味に関連する N400 は L2 においても安定して出現するということである [5]。L2 の場合，脳内の意味処理メカニズムが全く母語と異なっていて，母語話者では N400 が出るべきところで，L2 学習者から極性が逆の P400 のような反応が出る可能性が理論的にはあるが，そのような報告にはまず出会わない。むしろ明瞭な N400 が出現していることが多い（出現するタイミングが母語話者よりも遅れていることはある）。

これらの研究の被験者は，ある程度，L2 において習熟度を獲得した後で実験に参加して，その時点で N400 が明瞭に見られていることから，仮に L2 学習のごく初期から調べ始めると，どのぐらいの時期に N400 が出現し始めるのかという疑問が生じる。アメリカの大学生を対象にフランス語学習の最初の 9 か月を追跡調査した ERP 研究では，被験者が約 60 時間のフランス語学習を経験した時点（範囲 59–67 時間）で既に，単語の意味処理を反映する N400 に変化があったことを報告している [6]。平均で 14 時間の学習経験の時点（範囲 5–28 時間）ではこの反応は有意ではなかったため，少なくとも大学生が外国語として L2 を学ぶ場合，数十時間の学習を経ると意味関連の N400 が出始めると推測される。

5　Hahne (2001), Hahne & Friederici (2001), Ojima et al. (2005)

6　McLaughlin, Osterhout, & Kim (2004)

日本人小学生の英語学習をERPにより追跡調査した研究[7]でも，数十時間から100時間程度（中央値97.5時間）の英語学習で意味に関連するERP成分が検出されたことが報告されている。ただし，このERP成分は頭皮上の分布が典型的なN400よりも前後に広く，論文中ではbroad negativityと呼ばれた。英語学習がさらに進んだグループ（総学習時間の中央値380時間）では，broad negativityが典型的な後頭優位の分布を持つN400に変化していたので，小学生の外国語学習においては200–300時間の学習を経ると頭皮上の分布においても典型的なN400が出現すると推測される。

意味に関連するN400に比べると，統語に関連するP600などのERP成分はL2において一貫して報告されてきているとは言えない。日本人の成人を対象にL2としてのドイツ語においてERPを計測した実験では，意味的な誤りに対してN400は見られたものの，統語的な誤り（句構造規則の違反）に対してドイツ語母語話者で見られたELANやP600は観察されなかった[8]。母語話者では非常に大きな反応として観察されたP600が，L2学習者では出ていない点が興味深い。日本人の成人から英語の黙読時におけるERPを取得した研究でも，意味的な誤りに対してN400は出現したものの，統語的な誤りに対するP600は出現しなかった（ただし英語習熟度が高い場合，LANは出現した）[9]。意味処理と比べると，統語処理の発達は脳波を通してみても，最初からスムーズにいくわけではなさそうである。そもそも統語は，単語もしくは単語が集まった句の間にある規則なので，単語の意味が習得される前に統語規則が習得されるとは考えにくく，この意味で当然かもしれない。

L2学習が十分進行しており，母語や学習開始年齢などの条件が揃えば，L2においても統語的な誤りに対してP600が出現することは珍しくない。日本人母語話者でP600が観察されなかったドイツ語における統語的な誤りに対して，ロシア人母語話者では明瞭にP600が観察されている[10]。L2習熟度が高い学習者と低い学習者をドイツ語とイタリア語において比較したERP

7　Ojima, Nakamura, Matsuba-Kurita, Hoshino, & Hagiwara（2011）

8　Hahne & Friederici（2001）

9　Ojima et al.（2005）

10　Hahne（2001）

実験では，習熟度に関わらず P600 は観察されている[11]。この実験には，L2 としてドイツ語を学ぶイタリア語話者と，L2 としてイタリア語を学ぶドイツ語話者が参加した。それぞれの L2 において習熟度が高い被験者では，母語話者と質的に変わらない ERP が観察された。大きさの違いという量的な違いはあったが，出現タイミングにおいては母語話者と同じぐらいであった。統語的な誤りに対しては，P600 だけでなく母語話者でも見られた anterior negativity（句構造規則違反に対して ELAN，形態統語的な誤りに対して LAN）も観察された。L2 習熟度の低い被験者では，P600 が出現したものの出現タイミングは母語話者よりも遅く，主語動詞一致条件で LAN が欠如していたという質的な違いもあった。以上の研究を総合的に考えると，L2 で統語処理に関連する P600 が出現しなかったという報告があるものの，L2 の能力が発達すると P600（が反映する脳内処理）が現れ，習熟度が十分高くなると出現タイミングが早くなり母語話者に近づいていくという傾向があると考えられる。

それでは，P600 が出ない状態から出る状態へはどのように変化するのだろうか。当然，一つの可能性は何も出ない状態から，出現タイミングが遅く大きさが小さい萌芽的な P600 が生じ，徐々に大きくタイミングが早くなっていくというものである。これが最もあり得そうなのだが，これと異なるシナリオを提示している興味深い Osterhout らの研究がある[12]。この研究は, L2 学習が初期の学習者は，統語的な誤りを含む文に対して，母語話者で見られるような P600 ではなく，むしろ意味的な誤りに対して出現する N400 のような ERP が見られたと報告している。しかし同じ被験者の中で L2 の習熟度が上がると，同じ刺激文に対して P600 が出現するようになったという[13]。こ

11　Rossi, Gugler, Friederici, & Hahne（2006）

12　Osterhout, McLaughlin, Pitkanen, Frenck-Mestre, & Molinaro（2006）

13　Osetrhout らは，学習の初期段階において統語的規則というよりはフレーズとして丸暗記されていた主語動詞の関係について，学習が進む中で文法化（grammaticalization）が起こり，それが N400 から P600 への変化として現れたのではないかと推測している。一般に母語習得や自然な SLA では，コミュニケーションで重要な役割を果たし，かつ，出現頻度の高いフレーズがひとかたまりのチャンクとして記憶され，そこから各単語に分節化されていくと言われる（教室内の外国語学習はこの限りではない）。Osterhout らが報告している ERP データは，この過程と整合性がある点で興味深い。

のような縦断的なデータではないにしろ，ほかにも統語的な誤りに対してP600は出現していないがN400やLANなどの陰性ERPが出現している研究は幾つかある[14]。このことから，L2の統語発達の途中段階としてN400やLANのみが出現する発達ステージがあるのではないかと推測される。

過去のERP研究を総合的に考えると，L2の能力が発達していくと，途中段階を通りながら，徐々に母語話者のような脳反応に近づいていくことが窺える。思春期以降のL2学習では，母語話者の脳反応に全く近づいていかないという可能性もあるが，これまでの研究から，L2も母語話者の脳反応に収斂していく傾向が強い。おそらく人間の脳が言語を扱う方法にはかなり制限があり，習熟度が十分上がる程度にコミュニケーションの中での使用を経験した場合，母語でもL2でも，似たようなメカニズムが脳の中ででき上がるのであろう。

3.2　内的な個人差の影響：学習開始年齢と母語転移

L2習得は母語習得と違い，さまざまな個人差の影響を受けることが知られている。個人差には，学習者に内在する要因と，外在する要因がある。学習者に内在する個人差で主なものは，L2の学習を開始したときの年齢，学習者の母語，L2学習に対する動機づけなどである。学習者の外にある要因で主なものは，学習者がL2を学んでいる環境である。学習環境の違いによって学習方法も違ってくる。過去のSLA研究はこれら個人差の影響を調べてきたが，脳機能計測を用いた研究も同様である。まずは学習者に内在する要因として，学習開始年齢と母語転移について見ていこう。

3.2.1　学習開始年齢の影響

学習開始年齢は臨界期仮説と密接な関係にある。臨界期とは，動物の一生の中である能力の獲得がその期間でのみ可能な期間のことを示す。SLAの臨界期仮説には幾つかのバージョンがあるものの，L2の獲得は生まれてから思春期の始まり頃までのみ可能（もしくはその期間が最も効率的に進む）

14　Foucart & Frenck-Mestre (2012), Ojima et al. (2005), Weber-Fox & Neville (1996), Zawiszewski, Gutiérrez, Fernández, & Laka (2011)

とするものが有名である。このような仮説に従えば，L2 の学習開始年齢が 3 歳，6 歳，12 歳，15 歳などと異なる学習者の間では，最終的な到達点や習得のプロセスが変わってくることが予測される。実際，アメリカにさまざまな年齢で移住した移民が大人になったときの英語力を調べた行動調査では，移住時の年齢（英語学習の開始年齢）が低いことが高い英語力を最終的に獲得できることの条件になっていることが報告されている[15]。

L2 の学習開始年齢によって ERP がどのように変化するのかを調べた Weber-Fox らの研究[16]は，異なる年齢でアメリカに移住した中国語母語話者（大人）を被験者にして，英語の文を黙読した際の ERP を取得した。被験者は移住時の年齢が 1–3 歳，4–6 歳，7–10 歳，11–13 歳，16 歳以上の 5 グループに分けられた。意味的な誤りに対しては全てのグループで N400 が出現したが，移住時の年齢が 11 歳以降だと出現タイミングが遅れていた。統語的な誤り（句構造規則の違反）に対して母語話者で出現した LAN と P600 は，移住時の年齢が 10 歳までの被験者では観察された。11–13 歳に移住したグループでは，LAN が出現すべき時間帯で出現した陰性 ERP が左半球優位ではあったが右半球にも及んでおり，16 歳以降に移住したグループではむしろ右半球優位だった。また，この 2 つのグループでは P600 が観察されなかった。つまり，学習開始年齢が遅いことは，意味処理においては時間的な遅れという量的な違いとして ERP に反映されたが，統語処理においては頭皮上の分布の違いやあるべき ERP 成分の欠如という質的な違いとして反映された。

この研究では，被験者の英語力を ERP 実験とは別に調べており，移住時の年齢が 11 歳以降だと英語習熟度が母語話者よりも有意に低い傾向が明瞭だった。したがって ERP において観察された母語話者との違いは，学習開始年齢の影響かもしれないし習熟度の影響かもしれない。この問題を解決するには，思春期以降に L2 を学び始めたが母語話者並みの習熟度を獲得した被験者を集め，習熟度の違いに起因する影響を排除しながら学習開始年齢の脳反応に対する影響を調べる必要がある。

15　Johnson & Newport（1989）

16　Weber-Fox & Neville（1996）

実際にこれを目指した研究[17]では，英語母語話者（ただし英語母語話者の中では英語習熟度が低い集団）と同程度の英語習熟度を示したドイツ語母語話者（10–12 歳で英語学習を開始）が ERP で調べられた。句構造規則の違反に対して英語母語話者で見られた ERP 成分のうち，P600 は L2 学習者でも見られたが，早い時間帯の anterior negativity は見られなかった。この事から習熟度に差がなくても学習開始年齢の差により early anterior negativity（統計的に左半球優位ではなかったので ELAN とは呼ばれていない）に違いが出ると結論付けられている。

現在では，学習開始年齢そのものよりも L2 習熟度の方が統語処理に関連する ERP への貢献度が高いのではないかと考えられるようになっているが[18]，少なくとも限定的には L2 学習開始年齢の ERP への影響が存在しそうである。いずれにせよ，過去の SLA 研究で主要なテーマの一つだった学習開始年齢が幾つかの重要な ERP 研究を動機づけてきたのは事実であり，今後もこのテーマで更なる研究の発展が期待される。

3.2.2　母語からの転移

学習者の母語が L2 にどのような影響を持つのか，言い換えると母語からの転移（transfer）が L2 の知識にどう影響するのかは，過去の SLA 研究において非常に重要なテーマだった。脳機能計測を用いた L2 処理の研究でも，さまざまな母語と L2 の組み合わせで実験が行われているが，やはり母語の影響は脳機能計測を通しても観察できると言える。

母語も L2 もヨーロッパ系の言語の場合，L2 においても母語話者と同じような ERP が観察されたという報告は過去にいくつもある。既に述べた研究[19]に加えて重要なものに，スペイン語を外国語として大学で学ぶ英語母語話者を対象にした ERP 実験がある[20]。この研究では，スペイン語習熟度が高いグループにおいて，母語話者で見られたのと同じ ERP 成分，すなわち意味的な誤りに対しては N400，語順における統語的な誤りに対しては LAN と

17　Pakulak & Neville（2011）
18　Caffarra, Molinaro, Davidson, & Carreiras（2015）, Fromont, Royle, & Steinhauer（2020）
19　Hahne（2001）, Rossi et al.（2006）
20　Bowden, Steinhauer, Sanz, & Ullman（2013）

P600 が観察された。

一方で，日本語や中国語などアジア系言語の母語話者がヨーロッパの言語を L2 として学習している場合，統語処理において母語話者に見られる反応が出ていないケースが目立つ。既に紹介したように，中国語話者をアメリカ移住時の年齢ごとにグループ分けして英語に対する ERP を調べた研究[21]では，移住時の年齢が 11 歳以降の場合，統語処理に関連する ERP において母語話者と顕著な違い（例えば P600 が出現しない）が観察された。日本語母語話者を対象に L2 としてのドイツ語の処理を ERP で調べた研究[22]では，意味的な誤りに対して N400 が観察されたものの，句構造規則の違反という統語的な誤りに対しては，母語話者で観察された ELAN も P600 も観察されなかった。同じく中国語の母語話者を対象に，英語の動詞の下位範疇化（subcategorization）の違反に対する ERP を調べた研究[23]では，英語母語話者から検出された P600 が中国語の母語話者には見られず，代わりに P600 よりも前の時間帯から出始める陰性 ERP（通常の N400 とは分布が異なるので一般的な N400 でもない）が観察された。

筆者が行った日本語母語話者の英語学習者を対象にした ERP 研究[24]では，TOEIC900 点レベルという日本人としてはかなり高い英語力の被験者を集めたが，英語の主語動詞一致に対して LAN は観察されたものの P600 は観察されなかった。高い英語習熟度を獲得した中国語の母語話者において，英語の主語動詞一致の処理をさらに詳細に調べた研究[25]では，LAN も P600 も観察されなかった。

このように，アジア系言語の母語話者でヨーロッパ系言語における ERP

21　Weber-Fox & Neville（1996）

22　Hahne & Friederici（2001）

23　Guo, Guo, Yan, Jiang, & Peng（2009）。動詞には主語のみ要求する自動詞（She smiled.），目的語も要求する他動詞（She ate sushi.），主語や目的語に加えて前置詞句を要求する動詞（She put a pen on the table.）などのタイプがあり，このような性質を動詞の下位範疇化という。下位範疇化の違反とは，一般的には自動詞に余計な目的語を付けるようなことである（*She smiled a pen）。Guo らの研究では，使役動詞（例：let）なら使える文構造の中で使役動詞ではない動詞（例：show）を使うことで下位範疇化の違反を引き起こしている（Joe’s father didn’t let/*show him drive the car.）。

24　Ojima et al.（2005）

25　Chen, Shu, Liu, Zhao, & Li（2007）

を計測すると，統語処理に関連して母語話者のような反応がなかなか得られない傾向があるが，中国語母語話者のL2としてのスペイン語においてP600が明瞭に観察された研究もある[26]。この研究では中国語にもある数の一致現象（number agreement）と中国語にはないジェンダーの一致現象（gender agreement）のそれぞれが正しい場合と間違っている場合を，一致が同じ句の中で起こっている条件および一致が2つの句にまたがっている条件において調べている。結果は，数の一致，ジェンダーの一致いずれの誤りに対しても，母語話者でもL2学習者でもP600が観察された。ただしL2学習者の方がP600の振幅（大きさ）は小さく出現タイミングは遅かった。この研究はP600が出現しなかったほかの研究と何が違ったのだろうか。被験者のスペイン語習熟度が高かったのは当然だが，大学での専攻が全員Spanish studies（スペイン語なのかスペイン学なのかは不明）だった点が興味深い。また，文法性判断課題において96%という高い正答率だったので，統語的誤りの検出が意識的に可能だった。ただし，スペイン語の学習開始年齢は18歳以降だったので，学習開始が早かったわけではない。したがって，人生のある時点で当該言語の習熟度が高かったことが重要なのは当然として実験のあった期間に徹底的に当該言語に接触していることも重要だと推測される。

この研究のほかにも，母語にない文法的一致現象においてL2でP600が出現したという報告はある。フランス語の名詞と形容詞の間のジェンダーの一致を調べた研究では[27]，標準的な語順（名詞の後に形容詞）であれば英語母語話者の学習者においても母語話者同様P600が観察された。しかし，使用頻度の低い語順（名詞の前に形容詞）の場合，学習者に見られたのは母語話者に見られたP600ではなく，N400だった。ジェンダーの統語的一致がない英語を母語とするスペイン語学習者を対象とした研究は[28]，スペイン語のジェンダーの一致の誤りに対してP600が出現したと報告している。

しかし，母語にはなくL2にはある文法的特徴に対してERPが出現しなかったと報告している研究も多々ある。L2としてのオランダ語の脳内処理

26　Dowens, Vergara, Barber, & Carreiras（2010）

27　Foucart & Frenck-Mestre（2012）

28　Alemán Bañón, Fiorentino, & Gabriele（2014）

を調べた ERP 実験には[29]，ドイツ語の母語話者とロマンス語（イタリア語，フランス語，スペイン語など）の母語話者が参加した。テストした 2 種類の統語構造の両方が実現されているドイツ語を母語とする被験者では，誤りに対して P600 が出現した。一方，ロマンス語を母語とする被験者では，母語にある統語構造でのみ P600 が観察された。フランス語にある幾つかのジェンダーの一致現象を対象にした ERP 実験では[30]，学習者の母語であるドイツ語で対応するルールがある場合には P600 が観察されたが，ない場合には観察されなかった。ほかにもスペイン語母語話者の L2 としてのバスク語における ERP 実験で[31]，同様の観察がある。

多くの ERP 研究からの全体的な傾向として言えることは，やはり学習者の母語が L2 の処理や発達に大きな影響を与えている可能性が高いということである。端的に言って母語と L2 が同じ語族に属している場合や言語的な距離が近い場合，そうでない場合に比べて，母語話者に近い脳反応が出やすい傾向がある。これは母語と L2 が近い場合の方が，L2 習熟度が上がり易いことの帰結かもしれない。また，学習者の母語で実現されている統語現象の方が実現されていない統語現象よりも，L2 において母語話者に近い ERP が出やすい。ただし，実現されていない統語現象でも P600 などの ERP 成分が出現することはあり得る。

3.3　外的な個人差の影響：明示的学習と暗示的学習

母語の習得は，生まれてからまず家族から言語的な入力を得ていき，年齢が上がると幼稚園や小学校など家庭外の環境で人との交流を通して，言葉を無意識的に学んでいく。L2 の習得においても，家族で海外に移住し，子どもがその国の人たちと交流するようになると，このような自然な言語習得が起こることになる（naturalistic SLA）。そうして身に付けた無意識的な言語能力は暗示的知識（implicit knowledge）に分類される。L2 のもう 1 つの主要な学習方法は，学校などの教室環境で教師の指導のもとに学ぶやり方である（instructed SLA）。日本人が外国語として英語を学ぶ場合はこの学習方法が

29　Sabourin & Stowe（2008）
30　Foucart & Frenck-Mestre（2011）
31　Zawiszewski et al.（2011）

圧倒的に多い。特に外国語として学ぶ場合には教室内に学習対象言語を使える人が教師 1 人だけという場合が普通であり，会話や交流を通して学ぶというより 1 人の教師からの明示的な説明を聞くことが多くなる。言葉による説明により身に付く知識は明示的知識（explicit knowledge）に分類される。

暗示的・明示的知識の対立に着目した初期の ERP 研究は[32]，文処理の最中に取得された ERP データは暗示的な処理を，文処理の後に取得された意識的な文法性判断は明示的な処理を反映するとの仮説のもと実験を行った。この研究で特に興味深いのは，L2 学習者（スペイン語を学ぶ英語母語話者）の文法性判断において，40% 弱の確率でしか非文法的と判断されなかったジェンダーの一致の誤りである。逆に言うとジェンダーの一致が誤っていても 60% 以上の確率で文法的に正しいという意識的な判断がくだされていたわけだが，ERP では誤りに対して明瞭に P600 が出現していた。この結果から，文を読み終わった後に行う明示的な文法性判断が正確にできるようになる前に，文を処理している最中に起こっている暗示的な処理が発達する可能性が指摘されている。

しかし，逆の傾向を報告している研究もある[33]。この研究では，ERP 実験中は文法性判断を課さず，ERP 実験が終わった後，時間制限のない文法性判断課題，すなわち，明示的知識を測定する典型的な課題を，刺激文に対して行った。興味深いことに，TOEIC900 点レベルの高い英語習熟度の日本人グループは，文法性判断の正確性において統制群の英語母語話者と統計的に有意な差がないどころか数値的には勝っていた。しかし，ERP 実験中，英語の主語動詞一致が誤っていても，日本人からは英語母語話者で非常に明瞭に観察された P600 が出現しなかった。したがって，必ずしも暗示的な処理が明示的な判断よりも先に発達するというわけではない。

関係するほかの要因を完璧に統制しながら自然な SLA と教室内の外国語学習を比較するのは現実的ではないため，研究者の統制のもとで暗示的学習と明示的学習の違いを調べる目的で「人工言語」の学習を被験者に課した ERP 研究がある[34]。暗示的学習条件は学習対象言語が話されている環境に浸

32　Tokowicz & MacWhinney（2005）

33　Ojima et al.（2005）

34　Morgan-Short, Steinhauer, Sanz, & Ullman（2012）

ることで学習していく自然な言語習得を模しており，明示的学習条件では文法にフォーカスした伝統的な学習方法が採用された。結論から述べると，統語的な誤りに対して母語話者が見せるような脳波成分を見せたのは，暗示的学習に従事したグループのみで，明示的学習に従事したグループは習熟度が高くなっても，脳波は全体として母語話者のパターンと異なっていた。具体的には，暗示的グループでは，統語的な誤りに対して習熟度が低い時にはN400が出現し，習熟度が高くなると母語話者で見られるようなanterior negativityおよびP600が出現した。一方で明示的グループでは，統語的な誤りがあっても習熟度が低い時には特別な脳波成分は出現せず，習熟度が高くなるとanterior positivity（negativityではなく）とP600が出現した。以上の脳波データから，用いられた人工言語の学習に関する限り，暗示的に学んだか明示的に学んだかという学習方法の違いが，脳内における統語的な処理の違いにつながることが示唆された。暗示的グループで統語的な誤りに対して習熟度が低い時にはN400が出現し，習熟度が上がるとP600が出現した点については，英語母語話者のフランス語学習を縦断的に調べた研究[35]と一貫性があり，興味深い。人工言語を用いて暗示的学習と明示的学習の違いを調べたほかの研究[36]においてもERPの違いが観察されている。

人工言語学習実験では，学習した人工言語を用いて生活する場面はないので，明示的学習は最後まで純粋な明示的学習として続けられることになる。このような背景があるために人工言語の明示的学習では自然言語の母語話者のような脳反応が出ないのだとしたら，そこから我々が学べる示唆としては，我々が目指す自然言語のL2習得において全期間ではないにしろどこかの時点から暗示的学習を導入していく必要があるということであろう。

4.　おわりに

ERP研究が解き明かしてきたSLAの全体像をまとめると以下のようになる。まず，よほど学習の初期でない限り，意味的な誤りに対するN400は一貫して多くの研究に報告されていること，および，統語的な誤りに対する

35　Osterhout et al.（2006）
36　Morgan-Short, Sanz, Steinhauer, & Ullman（2010）

P600 や LAN などの成分は検出されなかった研究もあることから，SLA ではまず意味処理が発達し，統語処理（特に母語にはない文法規則など）は遅れて発達することが窺える。L2 能力が発達する途中の段階では，統語的な誤りに対しても N400 が出現することがあるが，さらに L2 習熟度が高くなると P600 に置き換わる。学習開始年齢が遅い場合，L2 学習者の ERP は母語話者と質的に異なると報告した研究もあるが，L2 習熟度が十分高くなった場合は思春期以降の L2 学習でも母語話者のような ERP が出現し得る。L2 学習者の母語の影響は ERP 研究でも観察でき，母語と L2 の言語的な距離が遠い場合や母語にはない統語現象がテストされた場合は，母語話者で観察される ERP が L2 学習者で観察されないことが目立つ。しかし，母語話者のような ERP を観察した研究も実際に存在する。明示的知識を測る時間制限なしの文法性判断と ERP の結果は乖離していることがあり，明示的学習と暗示的学習を直接比較した人工言語学習実験でも ERP における違いが確認されている。しかし自然言語が学習対象の場合，習熟度が十分高くなった段階で観察される ERP はおおむね母語話者で報告されている範囲に収まる。まとめると，学習開始年齢や母語が制約条件としてある程度影響しているとはいえ，人間の脳は L2 に習熟していくにつれて人類に共通するパターンの中でダイナミックに変化していき，母語話者で観察されるさまざまな脳反応を SLA でも再現するポテンシャルを持っていると言えるだろう。そのような脳の可能性を信じて，L2 の学習や教育に励んでいきたい。

【外国語教育に関わる人が知っておくべきポイント】

- 外国語の学習は脳で起こる。自分が採用している教育方法は，学習者の脳に作用していると意識する。
- 外国語学習に伴って起こる脳反応の変化には，ある程度，パターンがある。脳が L2 を学ぶメカニズムを尊重する意識を持つ。
- 脳は外国語を学習するという経験によってダイナミックに変化する。思春期以降の外国語学習でも脳は変わるのだという信念を持つ。
- 母語からの転移などの影響で脳にとって難しいものは難しい。何でも習得できる可能性もあるが，学習者が直面する困難さにも配慮する。
- 脳は外国語を学ぶだけでなく使うことで育つ。外国語に沢山触れてコミュニケーションに使うことで，脳にとって自然な言語回路ができる。

【執筆者から読者へのメッセージ】

脳機能計測を用いたSLA研究を実施できるようになるにはハードなトレーニングが必要である。必要になる専門性は，脳科学，心理学，計測技術，プログラミングなど多岐にわたる。脳機能データの信頼性は，SLA研究の中だけで判断すべきではなく，認知神経科学者や心理学者も満足させられる水準に持っていく必要がある。一言でいうと非常にチャレンジングな分野である。だからこそ，世界では多くの若者が参入し，しのぎを削っている。日本でも燃えるような心をもって，この分野で海外と戦える若者が出てきて欲しい。

付　記

本論文はMEXT/JSPS科研費JP19H01280の助成を受けたものです。

参照文献

Alemán Bañón, J., Fiorentino, R., & Gabriele, A. (2014). Morphosyntactic processing in advanced second language (L2) learners: An event-related potential investigation of the effects of L1–L2 similarity and structural distance. *Second Language Research, 30*(3), 275–306. https://doi.org/10.1177/0267658313515671.

Bowden, H. W., Steinhauer, K., Sanz, C., & Ullman, M. T. (2013). Native-like brain processing of syntax can be attained by university foreign language learners. *Neuropsychologia, 51*(13), 2492–2511. https://doi.org/10.1016/j.neuropsychologia.2013.09.004.

Caffarra, S., Molinaro, N., Davidson, D., & Carreiras, M. (2015). Second language syntactic processing revealed through event-related potentials: An empirical review. *Neuroscience and Biobehavioral Reviews, 51*, 31–47. https://doi.org/10.1016/j.neubiorev.2015.01.010.

Chen, L., Shu, H., Liu, Y. Y., Zhao, J. J., & Li, P. (2007). ERP signatures of subject-verb agreement in L2 learning. *Bilingualism-Language and Cognition, 10*(2), 161–174. https://doi.org/10.1017/S136672890700291x.

Dowens, M. G., Vergara, M., Barber, H. A., & Carreiras, M. (2010). Morphosyntactic processing in late second-language learners. *Journal of Cognitive Neuroscience, 22*(8), 1870–1887. https://doi.org/10.1162/jocn.2009.21304.

Foucart, A., & Frenck-Mestre, C. (2011). Grammatical gender processing in L2: Electrophysiological evidence of the effect of L1–L2 syntactic similarity. *Bilingualism:*

Language and Cognition, 14(3), 379–399. https://doi.org/10.1017/S136672891000012X.

Foucart, A., & Frenck-Mestre, C. (2012). Can late L2 learners acquire new grammatical features? Evidence from ERPs and eye-tracking. *Journal of Memory and Language, 66*(1), 226–248. https://doi.org/10.1016/j.jml.2011.07.007.

Friederici, A. D., Hahne, A., & Mecklinger, A. (1996). Temporal structure of syntactic parsing: Early and late event-related brain potential effects. *Journal of Experimental Psychology-Learning Memory and Cognition, 22*(5), 1219–1248. https://doi.org/10.1037/0278-7393.22.5.1219.

Fromont, L. A., Royle, P., & Steinhauer, K. (2020). Growing Random Forests reveals that exposure and proficiency best account for individual variability in L2 (and L1) brain potentials for syntax and semantics. *Brain and Language, 204*, 104770. https://doi.org/10.1016/j.bandl.2020.104770.

Guo, J. J., Guo, T. M., Yan, Y., Jiang, N., & Peng, D. L. (2009). ERP evidence for different strategies employed by native speakers and L2 learners in sentence processing. *Journal of Neurolinguistics, 22*(2), 123–134. https://doi.org/10.1016/j.jneuroling.2008.09.001.

Hahne, A. (2001). What's different in second-language processing? Evidence from event-related brain potentials. *Journal of Psycholinguistic Research, 30*, 251–266. https://doi.org/10.1023/A:1010490917575.

Hahne, A., & Friederici, A. D. (2001). Processing a second language: Late learners' comprehension mechanisms as revealed by event-related brain potentials. *Bilingualism: Language and Cognition, 4*(2), 123–141. https://doi.org/10.1017/S1366728901000232.

Johnson, J. S., & Newport, E. L. (1989). Critical period effects in second language learning: the influence of maturational state on the acquisition of English as a second language. *Cognitive Psychology, 21*, 60–99. https://doi.org/10.1016/0010-0285(89) 90003-0.

Kutas, M., & Hillyard, S. A. (1980). Reading senseless sentences: brain potentials reflect semantic incongruity. *Science, 207*(4427), 203–205. https://doi.org/10.1126/science.7350657.

McLaughlin, J., Osterhout, L., & Kim, A. (2004). Neural correlates of second-language word learning: minimal instruction produces rapid change. *Nature Neuroscience, 7*(7), 703–704. https://doi.org/10.1038/nn1264.

Morgan-Short, K., Sanz, C., Steinhauer, K., & Ullman, M. T. (2010). Second language acquisition of gender agreement in explicit and implicit training conditions: An event-related potential study. *Language Learning, 60*(1), 154–193. https://doi.org/10.1111/j.1467-9922.2009.00554.x.

Morgan-Short, K., Steinhauer, K., Sanz, C., & Ullman, M. T. (2012). Explicit and Implicit Second Language Training Differentially Affect the Achievement of Native-like Brain Activation Patterns. *Journal of Cognitive Neuroscience, 24*(4), 933–947. https://doi.org/10.1162/jocn_a_00119.

Ojima, S., Nakamura, N., Matsuba-Kurita, H., Hoshino, T., & Hagiwara, H. (2011). Neural correlates of foreign-language learning in childhood: A 3-year longitudinal ERP study. *Journal of Cognitive Neuroscience, 23*(1), 183–199. https://doi.org/10.1162/jocn.2010.21425.

Ojima, S., Nakata, H., & Kakigi, R. (2005). An ERP study of second language learning after childhood: Effects of proficiency. *Journal of Cognitive Neuroscience, 17*(8), 1212–1228. https://doi.org/10.1162/0898929055002436.

Osterhout, L., McLaughlin, J., Pitkanen, I., Frenck-Mestre, C., & Molinaro, N. (2006). Novice learners, longitudinal designs, and event-related potentials: A means for exploring the neurocognition of second language processing. *Language Learning, 56 (SUPPL. 1)*, 199–230. https://doi.org/10.1111/j.1467-9922.2006.00361.x.

Pakulak, E., & Neville, H. J. (2011). Maturational constraints on the recruitment of early processes for syntactic processing. *Journal of Cognitive Neuroscience, 23*(10), 2752–2765. https://doi.org/10.1162/jocn.2010.21586.

Rossi, S., Gugler, M. F., Friederici, A. D., & Hahne, A. (2006). The impact of proficiency on syntactic second-language processing of German and Italian: Evidence from event-related potentials. *Journal of Cognitive Neuroscience, 18*(12), 2030–2048. https://doi.org/10.1162/jocn.2006.18.12.2030.

Sabourin, L., & Stowe, L. A. (2008). Second language processing: when are first and second languages processed similarly? *Second Language Research, 24*(3), 397–430. https://doi.org/10.1177/0267658308090186.

Tokowicz, N., & MacWhinney, B. (2005). Implicit and explicit measures of sensitivity to violations in second language grammar: An event-related potential investigation. *Studies in Second Language Acquisition, 27*(2), 173–204. https://doi.org/10.1017/S0272263105050102.

Weber-Fox, C. M., & Neville, H. J. (1996). Maturational constraints on functional specializations for language processing: ERP and behavioral evidence in bilingual speakers. *Journal of Cognitive Neuroscience, 8*(3), 231–256. https://doi.org/10.1162/jocn.1996.8.3.231.

Zawiszewski, A., Gutiérrez, E., Fernández, B., & Laka, I. (2011). Language distance and non-native syntactic processing: Evidence from event-related potentials. *Bilingualism: Language and Cognition, 14*(3), 400–411. https://doi.org/10.1017/S1366728910000350.

9

複雑系理論と第二言語習得

—歴史的流れを概観し，応用可能性に迫る—

冨田祐一

1. はじめに

第二言語習得（SLA）研究の枠組みについては，1970年代から現在まで広く行われてきている「認知的（cognitive）枠組み」と，1990年代頃から盛んになってきた「社会文化的（sociocultural）枠組み」がある[1]。これらの枠組みのいずれが優れているかを論じることにはあまり生産的な意味はない。2つの枠組みが，相補的に支え合うことで，これまでの約50年にわたるSLA研究の世界が発展してきたと理解すべきであろう。

しかしながら20世紀末になると，これまでの2つの枠組みに加えてもう1つの新たな枠組みが出現した。それが「複雑系理論」である[2]。複雑系理論は，1984年に設立された米国のサンタフェ研究所に集まった数学，自然科学，経済学などの分野の研究者たちによって始められた極めて学際的な理論である[3]。したがって，複雑系は「理論」とは呼ばれているが，特定の学問領域の理論ではなく，様々な学問領域の根底にかかわる「枠組み」としてとらえるべきものである[4]。そのため，複雑系理論の枠組みが，SLA研究に新しい

1　「認知的枠組み」についてはSkehan（1998）を，「社会文化的枠組み」についてはLantolf（1996）やLantolf & Pavlenko（1995）などを参照のこと。

2　Larsen-Freeman（1997）は複雑系理論をChaos/Complexity Scienceと呼び，後にはComplex Theoryと呼んでいる。またde Bot他（2005）はDynamic Systems Theoryと呼ぶが，それらの用語が指す概念の間に大きな差はない。そこで，本章では特別な理由がない限り，Complex Systems Theory（複雑系理論）を用いる。

3　複雑系理論の成立過程と詳しい内容についてはGleick（1987），井上（1996），金子（2003），Mitchell（2009），Waldrop（1992）を参照。

4　現在のSLA研究の世界では，複雑性理論を「SLA研究を根底から変化させる枠組み」

パラダイム転換を引き起こすという期待をしている研究者も存在するが，最近提案されたばかりの極めて新しい枠組みであるため，研究者の間での認知度はそれほど高いとは言えない。本章では「新たな枠組み」としての「複雑系理論にもとづくSLA研究」について，その出発点から現在に至る研究の歴史を振り返りつつ，その過程の中で明らかになってきた複雑系理論にもとづくSLA研究の中身を検討し，その姿にせまる。

2. 出発点となったLarsen-Freeman (1997)

複雑系理論にもとづくSLA研究がどこから始まったのかと問われれば，誰もがLarsen-Freeman (1997) を挙げるだろう。その論文は，複雑系理論にもとづくSLA研究の意義と方向性を最初に示したものであり，その中で，彼女は数学や自然科学の世界で生まれた複雑系科学が重視する10個の特徴を示し，それらをSLA研究に応用することを主張した。

(1) Dynamic（動的）
(2) Complex（複雑）
(3) Nonlinear（非線形）
(4) Chaotic（カオス的）
(5) Unpredictable（予測不可能）
(6) Sensitive to initial conditions（初期条件の影響を受ける）
(7) Open（開かれている）
(8) Self-organizing（自己組織化）
(9) Feedback sensitive（フィードバックの影響を受ける）
(10) Adaptive（環境適応型）　　(Larsen-Freeman, 1997, p. 142)

これらはいずれも複雑系理論を構成する重要な特徴だが，従来のSLA研究と比較する際には，過程，相互作用，非線形の3つの特徴が重要となる。なぜなら，これらの特徴は，従来のSLA研究の取り組み方とは異なる方法

としてではなく，従来の「認知的枠組み」と「社会文化的枠組み」と並ぶ「新たな枠組み」としてみなすことが多い（Atkinson, 2011）。

でSLAを研究しようとしていることを示しているからである。Larsen-Freemanはそれらの特徴を次のように説明している[5]。

・「状態（state）」ではなく「過程（process）」に着目する。

As Gleick（1987, p. 5）puts it is the study of 'chaos is a science of process rather than state, of becoming rather than being'. （p. 142）

・構成要素（components）またはエージェント（agents）の「相互作用」に着目する。

In complex systems, each component or agent 'finds itself in an environment produced by its interactions with the other agents in the system. （p. 143）

・「線形」ではなく「非線形」の体系に着目する。

Complex systems are also nonlinear ... A rolling pebble, for example, can trigger an avalanche. （p. 143）

例えば，当時主流だった認知的な枠組みで行われていたSLA研究では，要因Aと要因Bの間の「線的な関係」を研究することを重視したのに対し，複雑系理論にもとづくSLA研究は，SLAに関わる多様な要因を「構成要素」または「エージェント」とみなし，それらの間の「相互作用」に焦点をあて，その相互作用によって生じる「非線形」の発達過程（変化，変容）に焦点をあてた研究を行う[6]。

このような主張がなされる理由は，複雑系理論では，構成要素の性質の「単純な総和」では全体系（whole system）を説明することができないと考えるからである。このLarsen-FreemanのSLAの研究観は「還元主義（reductionism）からの脱却」を目指すものである。従来の認知的枠組みのSLA研究は「還元主義」にもとづき，まず（1）研究対象（＝SLA）を細部に分解し，（2）その細部を解明し，最後に（3）理解された細部を元にもどす（＝還元する）ことで，研究対象（＝SLA）の全体系を理解しようとする。しかし，彼女は還元主義だ

5　下線は筆者による。

6　例えば，従来はSLAの要因A（例：開始年齢）と要因B（例：最終到達点）の間の線的関係に着目したが，複雑系の枠組みでは，第二言語発達に関与する多様な要因（学習環境，個人差，等）の相互作用と非線的な発達過程に着目する。

けではわからないことがある（＝全体系は部分的体系の総和以上のものである）とし「(還元主義では) わからないこと」を明らかにすべきだと主張したのである。こうした彼女の主張は，その後 Larsen-Freeman & Cameron (2008a) によってより体系的にまとめられ，その後の複雑系理論にもとづく SLA 研究に大きな影響を与えた。

3. 研究の指針を示した de Bot., Lowie, & Verspoor (2005)

Larsen-Freeman による「複雑系理論にもとづく SLA 研究」に関する提案は，当時の第二言語研究者に強い知的刺激を与えたが，その後の数年間は，その提案にもとづく研究が急激に進展したわけではなかった。重要なパラダイム転換の可能性を示す提案だったため，多くの研究者にとっては，すぐに追随しにくい面があったのかもしれない。

しかし，Larsen-Freeman (1997) の 8 年後，de Bot 他 (2005) が出版され，複雑系理論にもとづく SLA 研究の位置づけと方法論がより具体性を帯びて示された。de Bot 他 (2005) は，形式的には教科書として編集されているが，内容は「複雑系理論によってどのように SLA を研究すべきか」示した書籍であり，その後の理論と方法の発展に貢献した。また，一般的な教科書とは異なり，著者による理解や解釈が唯一の正解として示されているわけではない。読者は，各セクションの解説に続く Task を行うことを通して「動的体系理論 (Dynamic System Theory)」の方法論を理解し，その面白さに導かれていく。例えば，下の Task A1.1 は「SLA には多様な構成要素が関わっていること」と「それらの構成要素が複雑に相互に関係し合っていること」を理解するための Task である。

Task A1.1

To become aware of the complexity of the interaction of different factors, compare the following five acquisitional settings and try to find factors that are the same and factors that are different for the settings. Try to distinguish factors relating to the system to be leaned, the setting of acquisition, and the language learner.

A. A young child (age 2) learning German as a first language in Germany

B. A young Turkish child (age 5) learning German as a second language in

Germany

C. A Finnish boy (age 13) learning German as a foreign language in Finnish secondary education.

D. An educated Danish elderly person (age 63) learning German as a foreign language through a self-study computer program

E. An uneducated Chilean woman (age 32) learning German without formal instruction through working as cleaning lady in a hotel (p. 4)

de Bot 他 (2005) は A ～ C の 3 つのセクションで構成されているが，どのセクションも「定義，理論，研究史，多言語使用，発達過程，学習者，教授法」の 7 つのテーマに焦点をあてた検討を行っている。各セクションで扱われている内容は多岐にわたるが，それぞれの意図を端的に表現すれば，次のようにまとめることができるであろう。

Section A: 複雑動的理論の骨組みと内容を解説し，検討している。

Section B: 従来の「SLA 研究の成果」を複雑動的理論の視点から解釈し直し，複雑動的理論に位置づけようとしている。

Section C: 複雑動的理論にもとづく SLA 研究が，どのようなテーマに着目し，研究を進めるべきか (または進められるか) に関する指針を示そうとしている。

4. 学術論文と著書について

ここでは Larsen-Freeman (1997) によって始まり，de Bot 他 (2005) によって研究方法の指針が示された複雑系理論にもとづく SLA 研究が，その後どのように発展したかを見る目的で「学術誌に掲載された論文」と「学術的書籍の出版」の動向を検討する。

4.1 国際的学術誌による特集号 (2006–2009)

de Bot 他 (2005) の直後に，複雑系理論の発展に寄与する出来事があった。3 つの国際的応用言語学誌が「複雑系理論に関連する特集号」を組んだのである。それらの特集号に収録された論文は以下の 18 編におよぶ[7]。

AL: ***Applied Linguistics 27*** **(4)** [2006 年]（6 編）
（1）Ellis & Larsen-Freeman（2006）（2）Larsen-Freeman（2006）（3）Meara（2006）（4）Mellow（2006）（5）Cameron & Deignan（2006）（6）Ke & Holland（2006）
MLJ: ***Modern Language Journal 92*** **(2)** [2008 年]（7 編）
（1）de Bot（2008）（2）van Geert（2008）（3）Larsen-Freeman & Cameron（2008b）（4）Verspoor 他（2008）（5）Elllis（2008）（6）Plaza-Pust（2008）（7）Jessne（2008）
LL: ***Language Learning 59*** **(s1)** [2009 年]（5 編）
（1）Beckner 他（2009）（2）Ellis & Larsen-Freeman（2009）（3）Cornish 他（2009）（4）Dörnyei（2009）（5）Mislevy & Yin（2009）

こうした応用言語学界の動向から，この時期に複雑系理論への関心が高まったことがわかるが，これらの特集号に収められている論文の内容についても興味深い点がある。それらの論文の中に「実証的研究」が含まれているのである[8]。このことは，この頃から研究者達が対象者に関する調査を実施し始めたことがわかるという意味で重要である。

4.2　国際的学術誌に掲載された学術論文（2000–2021）

図 1 は，2000 年から 2021 年に前項で検討した 3 つの国際的学会誌に掲載された「複雑系理論に関する論文」の数を示している。前述のように，当該

7　3 つの学術雑誌の他にも多くの応用言語学の学術雑誌が存在し，ほぼ同時期に複雑系理論に関する論文を掲載している。今回はそれらの学術雑誌に掲載された複雑系理論に関する論文を網羅的に扱うことはできなかったが，また別の機会に検討したいと考えている。また例えばブラジルの *Revista Brasileira de Linguística Aplicada 13*(2) がもとめた複雑系理論に関する特集号は，*Language Learning* の特集号が発刊されてから 4 年後の 2013 年に発刊されている。

8　実証的研究とは，量的・質的データを収集する研究のことで，データにもとづいて仮説や理論を検証する研究や，データにもとづく理論を構築する研究のことを指す（e.g. Larsen-Freeman, 2006, Verspoor, Lowie, & van Dijk, 2008）。

学会誌は「複雑系理論に関する特集号」を発刊しているため[9]，その年の論文数が多いのは当然だが，その他の年についても，継続的に複雑系理論に関する論文が掲載されていることがわかる[10]。

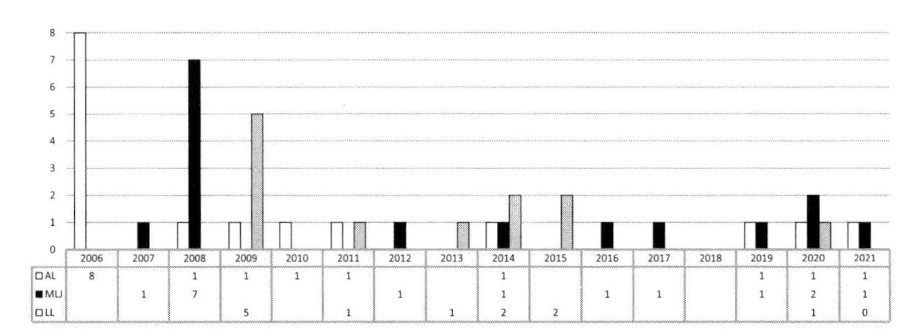

	2006	2007	2008	2009	2010	2011	2012	2013	2014	2015	2016	2017	2018	2019	2020	2021
□AL	8		1	1	1	1			1					1	1	1
■MLJ		1	7				1		1		1	1		1	2	1
□LL				5		1		1	2	2					1	0

図 1　国際的学術雑誌（AL, MLJ, LL）に掲載された複雑性理論関連の学術論文数

4.3　書籍の出版状況について（2000–2021）

下のリストは，2000 年から 2021 年の間に出版された「複雑系理論にもとづく SLA に関する学術書」である。ここで注目すべき点は，2000 年から 2010 年の 11 年間には 2 冊しか出版されていなかったのに対し，2011 年から 2021 年の 11 年間には 5 冊もの書籍が出版されている点である。こうした動向は「複雑系理論にもとづく SLA 研究」への注目度が近年になって高まりつつあることを示している可能性があると言えるだろう。

複雑系理論に関する書籍（7 冊）（出版年順）[11]

・ de Bot 他（2005）*Second language acquisition.*

9　特集号が発刊された年はそれぞれ以下の通りである（AL: 2006 年，MLJ: 2008 年，LL: 2009 年）。AL の特集号については「emergence」に関する特集だったため，複雑系理論のみを中心にすえた研究だけが収められているわけではない。しかし，収められている emergence に関する論文は，複雑系理論とのかかわりが非常に強いことから「複雑系理論に関する特集」として扱うことにした。

10　日本においても同時期に，廣森（2017），中田（2016），笹島（2017），末森・笹島（2016）といった複雑系理論にもとづく研究が行われている。

11　このリストの書籍は，応用言語学における複雑系理論に関する書籍だけである。数学，生物学，心理学等の他分野の複雑系理論に関する書籍は載せていない。また，紙幅の関係

- Larsen-Freeman & Cameron（2008a）*Complex systems and applied linguistics.*
- Dörnyei 他（2015）*Motivational dynamics in language learning.*
- Sampson（2016）*Complexity in classroom foreign language motivation.*
- Han（Ed.）（2019）*Profiling learner language as a dynamic system.*
- Fogal & Verspoor（Eds.）（2020）*Complex dynamic systems theory and L2 writing development.*
- Hiver & Al-Hoorie（2020）*Research methods of complexity theory in applied linguistics.*

5.　日本に複雑系理論を紹介した新多・馬場（2014–2015）

上で見てきたように，2000年から2021年の間に，欧米のSLA研究の世界では複雑系理論への関心が高まってきているが，ここでは日本の状況について検討する。

日本における複雑系理論にもとづくSLA研究にとって見逃すことができない論考は，新多・馬場（2014–2015）である。彼らは『英語教育』に「英語学習観が変わる：SLAの最新理論から」を連載し「複雑系理論の紹介」と「英語教育への応用の可能性」を示した[12]。彼らの論考は理論的概念をわかりやすく解説しただけでなく，複雑系理論が外国語教育の現場と深く関わるものであることを示したという点で重要である。以下では，彼らの論考に沿う形で複雑系理論に関する8つのポイントについての考察をする[13]。

5.1　「脱還元主義」と「英語教育の現場の理解」の関係性について

連載の第1回目で「英語教育の現場は『複雑系』に満ちている」という連載タイトルをつけて「複雑系」と「英語教育の実践」の間に強い関係があることを示し，さらに複雑系理論の「脱還元主義」が「教室現場の複雑な実態」によくあてはまる考え方であることを次のように説明している。

で，本リストの中では「副題」と「出版社名」が記載されていない。それらの情報については参考文献を参照して戴きたい。

12　Vol. 63, No. 7, 9, 10, 11, 12, & 13

13　引用符“ ”の一部修正と下線は著者による。

> 1 人の生徒が全体の雰囲気に大きな影響を与えることもありますが，それでも 1 人の存在だけで全てが決まるわけではありません。一人一人が互いに影響を与えつつ，クラス全体の雰囲気ができあがります。そして何らかのきっかけでその雰囲気が変化して行くこともあります。このように，「部分（一人一人の生徒）」の単純な総和では説明できないまとまり（クラスの雰囲気）のことを「複雑系」と呼びます。
>
> （新多・馬場, 2014a, p. 52）

5.2　Complex と Complicated の違いについて

両者の違いを理解することは，複雑系理論を理解する際の基本的で重要なポイントの一つだが，この相違については，次のように説明している。

> “Complex（複雑）” に類似した語として “complicated（込み入った）” がありますが，複雑であることと，込み入っていることとは本質的に異なります。込み入ったことは，一見複雑に見えますが，もつれた糸のように丁寧にときほぐしていけば，一つ一つに分解可能です。一方，複雑系では，部分に分けても複雑性の本質は解明できません。
>
> （新多・馬場, 2014a, p. 52）

5.3　動的な系

複雑系理論の重要な特徴の一つに「時間的経過に伴って変化する『動的な系』に注目する」という点がある。彼らは，学校教育の現場で見られる「動的な系」を例にして，その概念を次のように説明している。

> 複雑な系と並んで「動的な系」（dynamic system）という言葉もよく使われます。動的な系には時間の経過とともにシステム全体が変化するという意味が含まれています。たとえば入学当初は元気のなかったクラスが，時間の経過とともに活気のある雰囲気に変化していったりします。
>
> （新多・馬場, 2014a, p. 52）

この「動的な系」は，以下の項で検討する「非線形の系」「開いた系」と並び，複雑系理論の根幹を成す重要な概念である[14]。

5.4　非線形の系

複雑系理論が注目する「非線形の系」の存在については，（実は）英語教育の現場にいる英語教師が（すでに）実感として感じていることであることを，次のように示している。

> これまでの研究は，このような教授法（原因）を用いれば，このような効果（結果）をもたらすという，「線形（linear）」な関係を想定してきました。しかし，現場の先生方は，生徒たちの英語学習とその成果に単純な因果関係を見出すのは難しい，あるいはあまり意味がないと思われるのではないでしょうか。むしろ，少し良くなったかと思うと，数日後には交代しながら変化して行く「非線形（non-linear）」の発達と考える方が実感に近いのではないでしょうか。　（新多・馬場, 2014a, p. 53）

ここで重要なことは，複雑系理論で重視される「非線形の発達過程」というものが，英語教育の現場ではよく観察されるものである（＝複雑系理論と現場の感覚に関連性がある）という点である[15]。

5.5　開いた系

従来の SLA 研究では，「見たい要素」を分析するために，着目しない要素を捨象することで「見たい要素」を取り出して研究してきた。例えば，初期の形態素習得順序の研究では，普遍的習得順序を見つけ出す目的で実施されたため，第一言語やタスクの違いによる影響は周辺的なもの（または誤差）としてみなされていた。つまり言い換えれば，従来の SLA 研究は「見たくない系」への目を閉じて，「閉じた系（Closed system）」を見ようとしてきたわけである。一方，複雑系理論においては，従来の研究では見逃されていた

14　Larsen-Freeman & Cameron（2008a）

15　従来の研究でも「U 字型学習曲線」等の非線形発達過程は報告されている。しかし従来は「非線形発達過程」を「線的発達過程の副次的発達過程」として扱う場合が多く，複雑系理論における非線形発達過程の扱い方とは異なっていた。

多様な構成要素に焦点をあて，それらの要素間の相互作用によって，第二言語がどのように発達し，どのような創発が起こるかを見ようとする。このような考え方にもとづく複雑系理論が研究対象とする多様な要素で構成される系が「開いた系」である。この点について，彼らは次のように述べている。

> これまでの研究の多くは，生徒の中の要素を変数（variables）として取り出し，それが英語学習に与える影響を調査してきました。例えば生徒の動機付けを研究する場合，たくさんのサンプルを集めますので，それぞれのコンテクストは取り除いて＜中略＞考えます。しかし動機付けは環境から切り離されてあるのではなく，生徒それぞれの持つ様々な条件との相互作用から発生しています。もし生徒がまわりからの影響を一切受けない「閉じた系」（closed system）であれば，「高い動機付け⇒高い学習成果」の直線的な関係は成り立つかもしれませんが，現実には一人一人の生徒は他の生徒や先生から様々な影響を常に受けている「開かれた系」（open system）です。（新多・馬場, 2014a, p. 53）

5.6　相転移と創発

複雑系理論では，あるシステムが変容（または発達）する際の過程には，一定の落ち着き（安定状態）を見せる相（phase）があると考えられている。この相は，発達心理学などで用いられる「発達段階」と「一定の安定状態を示す用語」という点で類似しているが [16]，複雑系理論における相は「固定的な概念」ではなく「多様な要因によって動的に変化するもの」と考えられているという点で異なっている。またある相が次の相に変化することに強い関心が寄せられている点も重要である。この「相の変化」は「相転移」と呼ばれ，相転移が起こる時の現象は「創発」と呼ばれる。彼らは自身の経験を例に挙げながら，これらの概念について説明している。

16　例えば J. Piaget は子供には感覚運動期（0–2 歳），前操作期（2–7 歳），具体的操作期（7–12 歳），形式的操作期（12 歳以降），という発達段階があるとした（波多野, 1986）。

> カナダに留学したばかりのころ，英語で会話することが苦手で，特に聞き取りが悲しいくらいできませんでした。＜中略＞ところが3か月ほどたったある時突然，気づいたら嘘のように英語が聞こえるようになり，大分英語でのやり取りが楽になりました。＜中略＞おそらく多くの方は同様の経験の1つや2つはすぐさま思い浮かべることができるでしょう。このように様々な発達・学習過程における大きな変化は突然起きることが多く，この変化のことを相転移（phase transition）といいます。また複雑系理論では相転移の際，創発（emergence）が起きると考えます。
>
> （馬場・新多, 2014, p. 52）

「創発」は，複雑系理論における「学習観」を反映する概念の一つでもある。従来の学習観では，指導者（教師，親，コーチ等）は学習者（生徒，子，選手等）を教育し，学習者は指導者から提供される情報（知識，思想，技能等）を受け取り，情報を習得して成長していくと考えられていた[17]。

一方，複雑系理論においては，学習者を「指導者からの情報を一方的に受容し，習得し，成長する存在」ではなく，「多様な環境要因との相互作用」と「環境への適応」によって「自ら変化していく存在」としてとらえている。この「学習者が自ら変化する」というプロセスは「新しい学習者が生まれる」プロセスだとみなすことができるため，「新しく生まれる」という意味の「創発する（emerge）」や名詞の「創発（emergence）」という言葉で表現される。この創発にもとづく思想が「創発主義（emergentism）」で，複雑系理論の「学習観，発達観，成長観」を支える重要な思想的基盤の一つである[18]。

5.7　自己組織化とアトラクター

複雑系理論の中の重要な概念に自己組織化とアトラクターがある。これら

17　P. R. N. Freire は「学習者が誰かから与えられた知識を（貯金のように）蓄積していく学習観」を ‘Banking model of education’ と呼び，批判した（Freire, 2000）が，複雑系理論にもとづく学習観は「銀行預金型の教育観」とは対照的な学習観である。

18　複雑系理論は emergentism にもとづき「第二言語を獲得する（acquire）」のではなく「第二言語が発達する（develop）」と考え，Second language acquisition ではなく Second language development という用語を使う（Larsen-Freeman, 2014）。

の概念について，入学時に集合した「生徒の集団」が「不安定な状態」からスタートし，その後一定の時間的経過を経て，「安定した状態」に至るというプロセスを例にして，次のように説明している。

> 自己組織化プロセスが始まる前，システムは無限の可能性を持っています。入学したばかりの生徒たちが，その後の学校生活でどのようにでも変化して行く可能性を秘めているのも同様です。このような混沌とした不安定な状態から自己組織化が始まり，しだいに特定の状態に引き寄せられていきます。つまり，無限の可能性が時間の経過とともに，有限個の振る舞いに収斂していくのです。　（新多・馬場, 2015a, p. 65）

複雑系理論にもとづくSLA理論によれば，「英語学習者の自己組織化(self-organization)」とは，初期の「混沌とした状態」から，一定の時間の経過を伴った「英語学習者と環境の相互作用」を通した「環境への適応（アフォーダンス：affordance)」[19]を経験し，さらに「特定の状態」に引き寄せられるように収斂していく過程であると考えている[20]。

そして，この自己組織化の過程の中で，個人や集団が（引き寄せられるようにして）たどりつく「特定の状態」は，「引き寄せる（attract）存在・状態」という意味で「アトラクター（attractor)」と呼ばれる。

5.8　初期値鋭敏性

複雑系理論では，ある系において「初期状態の値の差」が時間の経過に従って，予期せぬほどの大きな変化を引き起こすことがあることを，E. N. Lorenzが使った「バタフライ効果（butterfly effects)」と呼ばれるレトリックによって説明することがある[21]。彼らはバタフライ効果を使って，ベテラン

19　アメリカの知覚心理学者J.J. Gibsonによる造語。人間の場合は「環境が人間に与える（afford）もの」を選択的に知覚し，理解し，環境とのかかわりの中で，環境に適応しながら生きている，と考える（佐々木, 2015)。

20　「自己組織化」についてはKauffman（1995）を参照。

21　気象学者のLorenzが1972年のアメリカ科学振興協会（American Association for the Advancement of Science）における講演“Predictability: Does the flap of a butterfly’s wings in Brazil set off a tornado in Texas?”の中で「初期値鋭敏性」を説明するために用いたレトリッ

教師が「初期値によって予期せぬ変化が発生すること」を「経験の蓄積」によって知っており，「予期せぬ変化」に対応するための「適切な授業方法」を身につけていることを次のように示している。

> … 予期しない結果につながる現象は，複雑系理論では「バタフライ効果（butterfly effects）」として知られています。ほんの些細な出来事が複雑なシステムの中では大きく拡大する現象を，一匹の蝶の羽ばたきが遠く離れた場所で大規模な竜巻を起こす逸話から，このように呼んでいます。＜中略＞ バタフライ効果は英語教育現場にどのような示唆を与えるでしょうか。… 複雑な系である生徒たちがどのように反応するかを予測することは困難です。… しかし完全に予測することは難しい一方，生徒が反応するパタンはある程度の数に限定できると複雑系理論では考えられています。… 実は長年経験を積んだベテランの先生たちは，経験を通じたパタンの蓄積を無意識に行っているのではないかと思います。与えられたタスクやインプットに生徒たちがどのように反応するか観察し，何がどのように影響したのか後から振り返る―このような内省的な作業を繰り返すことで，生徒の学習パタンが教師の中に蓄積されて，次第に効果的な授業を行えるようになっていくのです。
>
> （新多・馬場, 2014b, p. 52）

彼らの優れた論考は日本の SLA 研究者に大きな影響を与えたが，彼らは，この連載記事を書いた 1 年後に馬場・新多（2016）『はじめての第二言語習得論講義』を出版し，その 10 章で（日本で初めて）複雑系理論を第二言語習得論の中に位置づけた[22]。

ク。J. Gleick はカオス理論の解説書の Gleick（1987, p. 20）で「初期値鋭敏性」を説明する際に Butterfly Effects を用いている。「風が吹けば桶屋が儲かる」とほぼ同様の使い方をされるレトリックで「ある現象が発生することで，全く関係がないと思われる所や物に影響が及ぶこと」を意味する。

22　海外の SLA の教科書の中にも，最近になって，複雑系理論を SLA 理論の中に位置づけたものがある。SLA の授業等で教科書として利用されることが多い Lightbown & Spada（2021）は，第 5 版で初めて複雑系理論を SLA 理論の中にとり入れている。

6. おわりに

本章では，複雑系理論とその SLA 研究への応用に関する考察を，研究の歴史を振り返りつつ，内容についても検討した。その結果，2000 年代の初期に産声をあげた「複雑系理論にもとづく SLA 研究」は，その後，継続して発展し続けており，特に 2015 年以降からはその勢いにはずみがついていることがわかった。これらのことから，複雑系理論にもとづく SLA 研究の意義や方法は研究者に浸透しつつあり，今後この分野の研究がさらに盛んになることが期待されると言えるであろう。

【外国語教育に関わる人が知っておくべきポイント】

・複雑系理論は，自然科学や数学などで 1980 年代に始まった学際的な理論で，米国のサンタフェ研究所が発祥の地である。
・現在では，自然科学以外の分野でも広くとり入れられており，心理学や経済学などでも複雑系理論の枠組みにもとづく研究が行われている。
・複雑系理論にもとづく SLA 研究を最初に提唱したのは Larsen-Freeman (1997) である。
・複雑系理論を理解するためには，非線形の系，動的な系，開いた系，相，創発，自己組織化，アトラクター等の用語を理解する必要がある。
・2000 年代から 2020 年代にかけて，SLA 研究に複雑系理論を応用することに関心をもつ研究者が徐々に増加し，現在では，研究活動 (学術雑誌，書籍等) が活発に行われている。
・今後は，外国語教育の現場で起こる様々な現象や外国語学習者の発達の過程を，複雑系理論を使って説明できる可能性がある。

【執筆者から読者へのメッセージ】

「複雑系」ということばを聞くと，まさに「複雑そうだな」と感じてしまい，その内容を知ることを敬遠してしまう方がいるかもしれない。しかし，その内容や方法論をよく見てみると，我々が普段感じている「英語教育の現場で見られる現象」や「学習過程における諸問題」を理解するために，「役立つかもしれない」と思わせてくれるのが複雑系理論である。

複雑系理論にもとづく SLA 研究は，ほんの最近始まったことであるため，その研究成果の蓄積はまだ十分だとは言えないが，本章をお読みになった方の中には，今までと「ちょっと違うんじゃないかな」「面白そうだな」と思われた方もいらっしゃるのではないだろうか。そうした感覚は，複雑系理論に取り組む際にとても重要である。なぜなら「今までとは少し違った角度」で「SLA や英語教育をとらえなおそうとする姿勢」こそが，複雑系理論の根底にある学問的姿勢だからである。

本章をお読みになった方には，ぜひそのような「最初に感じた感覚」を大切にして戴き，本章で知った情報や考え方を「複雑系理論へのドア」のようにして，さらに一歩その「魅力的な世界」に足を踏み入れて戴きたいと思う。そして，この魅力あふれる複雑系理論の世界を，大いに楽しんで戴ければそれに勝る喜びはない。

参照文献

Atkinson, D. (Ed.) (2011). *Alternative approaches to second language acquisition.* Routledge.

馬場今日子・新多了 (2014).「＜複雑系＞で英語学習観が変わる— SLA の最新理論から・第 3 回・大事な変化はいつ起こるかわからない：相転移と創発」『英語教育』*63*(10), 52–53.

馬場今日子・新多了 (2015).「＜複雑系＞で英語学習観が変わる— SLA の最新理論から・第 5 回・複雑系理論の研究手法」『英語教育』*63*(12), 52–53.

馬場今日子・新多了 (2016).『第二言語習得論講義—英語学習への複眼的アプローチ』大修館書店.

Beckner, C., Blythe, R., Bybee, J., Morten, C. H., Croft, W., Ellis, N. C., Holland, J., Ke, J., Larsen-Freeman, D., & Schoenemann, T. (Five Graces Group) (2009). Language is a complex adaptive system: Position paper. *Language Learning, 59*(s1), 1–26. https://doi.org/10.1111/j.1467-9922.2009.00533.x

Cameron, L., & Deignan, A. (2006). The emergence of metaphor in discourse. *Applied Linguistics, 27*(4), 671–690. https://doi.org/10.1093/applin/aml032

Cornish, H., Tamariz, M., & Kirby, S. (2009). Complex adaptive systems and the origins of adaptive structure: What experiments can tell us. *Language Learning, 59*(s1), 187–205. https://doi.org/10.1111/j.1467-9922.2009.00540.x

de Bot, K. (2008). Introduction: Second language development as a dynamic process. *Modern Language Journal, 92*(2), 166–178. https://doi.org/10.1111/j.1540-4781.2008.00712.x

de Bot, K., Lowie, W., & Verspoor, M. (2005). *Second language acquisition.* Routledge.

Dörnyei, Z. (2009). Individual differences: Interplay of learner characteristics and learning

environment. *Language Learning. 59*(s1), 230–248.
https://doi.org/10.1111/j.1467-9922.2009.00542.x

Dörnyei, Z., MacIntyre, P., & Henry, A. (Eds.) (2015). *Motivational dynamics in language learning.* Multilingual Matters.

Ellis, N. C. (2008) The dynamics of second language emergence: Cycles of language use, language change, and language acquisition. *Modern Language Journal, 92*(2), 232–249. https://doi.org/10.1111/j.1540-4781.2008.00716.x

Ellis, N. C., & Larsen-Freeman, D. (2006). Language emergence: Implications for applied linguistics: Introduction to the special issue. *Applied Linguistics, 27*(4), 558–589. https://doi.org/10.1093/applin/aml028

Ellis, N. C., & Larsen-Freeman, D. (2009). Constructing a second language: Analyses and computational simulations of the emergence of linguistic constructions from usage. *Language Learning, 59*(1), 90–125. https://doi.org/10.1111/j.1467-9922.2009.00537.x

Fogal, G. G., & Verspoor, M. H. (Eds.) (2020). *Complex dynamic systems theory and L2 writing development.* John Benjamins.

Freire, P. (2000). *Pedagogy of the oppressed.* (M. B. Ramos, Trans.). Continuum Intl Pub Group. (Original work published 1970).

Gleick, J. (1987). *Chaos: Making a new science.* Penguin Group.

Han, Z. (Ed.) (2019). *Profiling learner language as a dynamic system.* Multilingual Matters.

波多野完治 (1986).『ピアジェの発達心理学』国土社.

廣森友人 (2017).「ダイナミックシステム理論を用いた動機づけの発達研究と第二言語学習・指導への示唆」科学研究費・基盤研究 (C)・課題番号 25370702・研究成果報告書. https://kaken.nii.ac.jp/ja/file/KAKENHI-PROJECT-25370702/25370702seika.pdf

Hiver, P., & Al-Hoorie, A. H. (2020). *Research methods of complexity theory in applied linguistics.* Multilingual Matters.

井上政義 (1996).『やさしくわかるカオスと複雑系科学』日本実業出版社.

Jessner, U. (2008). A DST Model of multilingualism and the role of metalinguistic awareness. *Modern Language Journal, 92*(2), 270–283.
https://doi.org/10.1111/j.1540-4781.2008.00718.x

Kauffman, S. (1995). *At home in the universe: The search for laws of self-organization and complexity.* Oxford University Press.

金子邦彦 (2003).『生命とは何か―複雑系生命論序説』東京大学出版会.

Ke, J., & Holland, J. H. (2006). Applied Language origin from an emergentist perspective. *Applied Linguistics, 27*(4), 691–716. https://doi.org/10.1093/applin/aml033

Lantolf, J. P. (1996). SLA theory building: "Letting all the flowers bloom!". *Language Learning, 46*(4), 713–749. https://doi.org/10.1111/j.1467-1770.1996.tb01357.x

Lantolf, J. P., & Pavlenko, A. (1995). Sociocultural theory and second language acquisition. *Annual Review of Applied Linguistic, 15*, 108–124.

https://doi.org/10.1017/S0267190500002646

Larsen-Freeman, D. (1997). Chaos/ Complexity science and second language acquisition. *Applied Linguistics, 18*(2), 141–165. https://doi.org/10.1093/applin/18.2.141

Larsen-Freeman, D. (2006). The emergence of complexity, fluency, and accuracy in the oral and written production of five Chinese learners of English. *Applied Linguistics, 27*(4), 590–619. https://doi.org/10.1093/applin/aml029

Larsen-Freeman, D. (2014). *Complexity theory: Renewing our understanding of language, leaning, and teaching.* [Oral presentation: Keynote video] TESOL 2014 International Convention & English Language Expo, Portland, Oregon. https://www.tesol.org/convention2014/featured-speakers/diane-larsen-freeman-keynote-video

Larsen-Freeman, D., & Cameron, L. (2008a). *Complex systems and applied linguistics.* Oxford University Press.

Larsen-Freeman, D., & Cameron, L. (2008b). Research methodology on language development from a complex systems perspective. *The Modern Language Journal, 92*(2), 200–213. https://doi.org/10.1111/j.1540-4781.2008.00714.x

Lightbown, P. M., & Spada, N. (2021). *How languages are learned* (5th ed.). Oxford University Press.

Meara, P. (2006). Emergent properties of multilingual lexicons. *Applied Linguistics, 27*(4), 620–644. https://doi.org/10.1093/applin/aml030

Mellow, J. D. (2006). The emergence of second language syntax: A case study of the acquisition of relative clauses. *Applied Linguistics, 27*(4), 645–670. https://doi.org/10.1093/applin/aml031

Mislevy, R. J., & Yin, C. (2009). If language is a complex adaptive system, what is language assessment? *Language Learning, 59*(1), 249–267. https://doi.org/10.1111/j.1467-9922.2009.00543.x

Mitchell, M. (2009) *Complexity: A guided tour.* Oxford University Press.

中田賀之 (2016).「外国語学習における動機づけを捉え直す―複雑性の思考―」*KATE Journal, 30,* 1–14. https://doi.org/10.20806/katejournal.30.0_1

新多了・馬場今日子 (2014a).「＜複雑系＞で英語学習観が変わる―SLA の最新理論から―第 1 回・複雑系とは？」『英語教育』*63*(7), 52–53.

新多了・馬場今日子 (2014b).「＜複雑系＞で英語学習観が変わる―SLA の最新理論から―第 2 回・わずかな差が，大きな違いに拡大する：バタフライ効果」『英語教育』*63*(9), 52–53.

新多了・馬場今日子 (2015a).「＜複雑系＞で英語学習観が変わる―SLA の最新理論から―第 4 回・時間が経てば，落ち着くところに落ち着く：自己組織化とアトラクター」『英語教育』*63*(11), 64–65.

新多了・馬場今日子 (2015b).「＜複雑系＞で英語学習観が変わる―SLA の最新理論から―第 6 回・現場に根差した理論を目指して」『英語教育』*63*(13), 70–71.

Plaza-Pust, C. (2008). Dynamic systems theory and universal grammar: Holding up a turbulent mirror to development in grammars. *Modern Language Journal, 92*(2), 250–269. http://www.jstor.org/stable/25173026

Sampson, R. J. (2016). *Complexity in classroom foreign language motivation: A practitioner perspective from Japan.* Multilingual Matters.

佐々木正人 (2015)『新版 アフォーダンス』岩波書店.

笹島茂 (2017)「複雑性理論にもとづいた外国語（英語）教師の認知の質と特徴に関する探索的研究」科学研究費・挑戦的萌芽研究・課題番号 25580137・研究成果報告書. https://kaken.nii.ac.jp/ja/file/KAKENHI-PROJECT-25580137/25580137seika.pdf

Skehan, P. (1998). *A cognitive approach to language learning.* Oxford University Press.

末森咲・笹島茂 (2016).「大学生の可能自己と英語学習―複雑性理論の可能性―」『東洋英和女学院大学・人文・社会科学論集』*34*, 107–129.

van Geert, P. (2008). The dynamic systems approach in the study of L1 and L2 acquisition: An introduction. *Modern Language Journal, 92*(2), 179–199. https://doi.org/10.1111/j.1540-4781.2008.00713.x

Verspoor, M., Lowie, W., & van Dijk, M. (2008). Variability in second language development from a dynamic systems perspective. *Modern Language Journal, 92*(2), 214–231. https://doi.org/10.1111/j.1540-4781.2008.00715.x

Waldrop, M. M. (1992). *Complexity: The emerging science at the edge of order and chaos.* Simon & Schuster.

シリーズあとがき

―自身の研究のふりかえりとともに―

白畑知彦

『第二言語習得研究の科学 (3巻シリーズ)』は，第1巻の「発刊にあたって」にも述べられているように，2023 (令和5) 年3月，私が静岡大学を退職するタイミングを機に，長年の友人である若林茂則氏，横田秀樹氏，須田孝司氏に加え，教え子である中川右也氏，大瀧綾乃氏の5名を編集委員として発案・企画されたものである。この出版計画は研究者として大変嬉しい申し出であり，ためらうことなくお願いすることにした。感謝したい。しかし，当初は3巻本になるとは夢にも思わなかった。編集委員の皆さんの発想は柔軟だ。また，くろしお出版，とりわけ編集を担当して下さった池上達昭氏には感謝申し上げる。

本シリーズを出版するにあたり，僭越ながら私から2つのことをお願いした。1つ目は，掲載する論文を親しい人達から記念的に集め，研究している仲間だけが理解できる (満足する) ような内容で編集するのではなく，できる限り分かりやすく (というお願いは，実はとても厄介なお願いではあるのだが)，最新の研究内容も加えて執筆いただき，幅広い読者層が活用できるように編集していただきたいというお願いであった。大勢の方々 (特に，第二言語習得研究に興味を持ち始めた人達や現職教員の皆様) に読んで参考にして貰いたいからだ。そして，この3巻シリーズを通読下されば容易に判明することだが，このお願いは達成されたと確信している。

2つ目のお願いは，「私も執筆陣に加えて欲しい」というものであった。このお願いも快諾いただいたのは幸運であった。静岡大学は定年退職となるが，研究を定年退職するつもりはないからである。2つ目のお願いも承諾下さったお陰で，私は各巻1本ずつ，合計3本の論文執筆に加わることができた。それぞれの巻の趣旨に合うようトピックを選び，1本は単著で，残りの

2 本は共著（横田秀樹氏と吉田龍弘氏）で執筆させて貰った。

研究は身分に関係なく，頭が働く限り続けられる。誰かに迷惑をかけたりもしない。私の比較的身近にいらっしゃった先生として，日本言語学会会長などの要職も数々務められた小泉保先生（静岡市出身）がいらっしゃる。先生は 80 歳を越えてなお精力的に研究を続けられていた。「日本中部言語学会」という静岡県内の研究者を中心に組織されている学会の 12 月におこなわれる研究発表会では，誰に対しても懇切丁寧なコメントを下さるだけでなく，懇親会にも必ずご参加下さり，若い研究者達と何の隔てもなくお話をして下さった。（学問レベルではとても追いつきはしないが）小泉先生のようになりたいと，そのお姿を拝見する度に私は思っていた。

さて，本シリーズの執筆陣であるが，編集委員から「どなたにお願いするかリストを作成して欲しい」と言われた。私が長年一緒に研究してきた人達，学会等で親しくなった人達，そして教え子にも声掛けをし，結果として本シリーズの趣旨に賛同下さった 30 名近くの精鋭がご参加下さった。大勢の方々にお引き受けいただき，大変ありがたい。収録された論文すべてが第二言語習得，英語科教育学に関わる最先端の研究を論じて下さり，読者に知的興奮を伝えることができると確信している。

ご執筆下さった方々以外にも，多くの皆様にここまで支えていただいた。この場を借りてお礼申し上げたい。以下では私の第二言語習得研究と英語科教育学研究を簡単に振り返りながら，論文という形式では話題にし難い内容の一端を書かせていただくことにする。

私が第二言語習得研究と出会ったのは，日本で大学院の修士課程に入学した 1983（昭和 58）年 4 月のことである。青山学院大学の文学研究科に籍を置き，英専協（大学院英文学専攻課程協議会）加盟大学院間の協定により，法政大学で開講していた小池生夫先生（当時の本務校は慶応大学）の授業を履修した時だ。机を並べた大学院生の中には村野井仁氏などがいて，それ以来ずっと懇意にさせて貰っている。当時の教科書の 1 つに，小池先生がアメリカのジョージタウン大学に提出した博士論文を基にし，大修館書店から 1983 年に出版された，*Acquisition of Grammatical Structures and Relevant Verbal Strategies in a Second Language* があった。この本には，小池先生の 3 人のお子さんのアメリカでの英語習得の記録が詳細に記述されている。私は実際の音声データを聞いてはいないが，本に記載された発話を読み進めていくうちに，子ども達の英語での発話が次第に長く，構造的にも複雑になっていくことが手に取るように分かった。この言語発達の過程が非常に興味深く新鮮であった。言語習得の知識がほとんどなかった当時の私は，「どうして誰からも習わないのに，聞いているだけで話せるようになるのか？！」とか，（回数としては多く出現するわけではないが）日本語母語話者も goed や comed といった，規則過去形の -ed を不規則過去形の動詞にまで過剰に当てはめてしまう誤りをすることなども初めて知り，「面白い誤りだ！」といった純粋な驚きに満ちていた。

本の中のデータは渡米後 12 ヵ月目までの記録で終了する。しかし，3 人の子ども達はまだ完全に英語を習得した段階には到達しておらず，その先どうなって行ったのか確かめたい衝動にかられたものだ。今でも 2 年目以降の姿を知りたい思いがある。私は 1985（昭和 60）年から 1986（昭和 61）年にかけて，高校生（31 人）を対象に，彼らの話す英語の発話データを収集・分析し，日本語母語話者の文法形態素の習得困難度順序を調べ，アメリカの大学院（アリゾナ大学）に修士論文として提出した。これは，上記の Koike（1983）に刺激を受けたものだ。

1986（昭和 61）年 8 月に入学したアリゾナ大学では私の直接の指導教授ではなかったが，北川千里先生に大変お世話になった。1988（昭和 63）年 3 月，思いがけず日本で就職が決まり，博士課程の途中で帰国することになった私へ，北川先生が掛けて下さったお言葉は今でも鮮明に覚えている。それは，「論文は最低でも毎年必ず 1 本は書くようにすべきです。上手く書けなくても良いから継続して書くように。書かなくなると書き方を忘れ，書けなくなってしまいます。そうなったら研究者ではなくなります」いつもこの言葉が頭をよぎる。

アリゾナ大学で修士論文を仕上げ，帰国後，その一部を短い論文にまとめて 3 本ほど発表した。一方で，被験者から発話データを収集し，文字起こしを行い，ひたすら分析する作業を続けるうちに，遅ればせながら漸く気づいたことがあった。それは，「これって，データ的に限界があるよな」ということだ。作業にものすごい労力がかかることは言うまでもないが，発話データを分析資料として使用すること自体，いくつかの致命的欠点があると感じるようになった。

まずは，調査したい項目が必ずしも発話されるわけではないということだ。たとえば，wh 移動制約（例：*What did John make the claim that Mary bought? が不適格文であると分かっているかどうか）や照応表現にかかる制約（例：Near John, he saw a snake. で，John と he が同一人物であってもよいかどうか）が理解できているかについて，被験者の自然発話にはこういった構造の文が発話される可能性は非常に低く，結局調べることは難しい。次に，調べたい文法項目や用法が複数あったとして，それらが被験者から必ずしも均等に発話されるわけではないことだ。偏って発話されるのが普通である。さらに，調査時には既に習得しているかも知れないが，全く発話されない構造もあったり（例：ある話題について一人で話す際には，疑問文はめったに発話されない），どのような誤りに分類すべきか判別がつかない誤り（例：I was run. という発話は，I was running. と言いたかったのか，I ran. と言いたかったのか）もある。ごく初期の言語発達段階を考察するには役に立つかも知れないが，発話データだけで習得の全体像を把握するには限界があるのだ。発達過程を詳細に分析したいのであれば，やはりある程度コントロールされた実験手法を使用しなければならない。

もう 1 つ，当時痛感したことは（今もそう思っているが），習得データを分析する上で，その分析を支える理論がないことにはどうしようもないということである。被験者からデータを収集し分析すれば，表面的な習得の一断面を明らかにすることはできるだろう。「記述的な妥当性」は確保できるかもしれない。しかし，それだけではその裏に隠されている習得のメカニズムまでは分からない。なぜそのような習得過程を辿ったのか，なぜそのような誤りをしたのか説明ができない。つまり，「説明的な妥当性」を確保できなければ，深くて面白い議論ができないということだ。たとえば，「母語からの転移（transfer）のためにそうなった」とか「回避（avoidance）が起こったためだ」「化石化（fossilization）が起こったからだ」といった用語で片付けようとするのは，実は習得のメカニズムについて何も説明していないのに等しい。なぜそこで転移が起こらなければならないのか，回避をなぜしようとしたのか，化石化を生じさせる要因は何なのか。それを説明しなければならない。もちろん，依然として上手く説明できない場合もあろう。しかし，少なくとも説明しようとする姿勢・努力を我々は試みる必要がある。そのため，私は，理論的枠組みとして生成文法理論を土台とした枠組みを使用してよく論文を書くようになった。もちろん，枠組みは（私自身は今後もそうはしないだろうが）生成文法理論でなくても良いと思う。その理論がしっかりとした枠組みで構築され，言語習得についても言及しているものであれば利用すれば良いだろう。

ただし，「理論」というからには，反証可能なものでなくてはならない。つまり，突っ込まれる可能性があるものでなければならない。誰からも反論できない漠然とした思想のようなものであってはならない。1970年代～80年代の文法形態素習得研究も一時的には盛り上がったが，その後中途半端な状態で廃れて行ったのは，理論的枠組みがなかったことに原因がある。ただし，「第二言語習得にも一定の習得困難度順序があり，母語が何であっても，どの学習者も比較的類似した発達過程を辿って学習が進んでいくようだ」ということや，一方で，「普遍的な面はあるものの，母語からの影響は依然として根強く存在し，文法形態素の習得過程にもそれが現れて来る」といったことなどが明らかになって来たことは大きな収穫だったと思う。

1980年代，日本では「第二言語習得研究」はまだ十分に知られていなかった。つまり，実証的に調査するために被験者から習得データを取り，理論を基に仮説を立て，データを分析し，統計処理を行い，学習者の習得のメカニズムを明らかにしていこうとするアプローチを実践する研究者は当時まだ少なかった。学部や大学院の講義科目でも「第二言語習得論」はほとんどなかった。2022（令和4）年現在は，だいぶ事情が違ってきている。多くの大学や大学院で「第二言語習得論」や「応用言語学」の講義がある。学習指導要領にも「第二言語習得」が記載される世の中になった。良い傾向だが，我々は研究の方向性を間違わないようにしなければならない。

1980年代後半から90年代にかけて，（第二）言語習得研究の理論面に大きな影響を及ぼしたのは，Noam Chomsky の *Lectures on Government and Binding*（1981年）が出版されたことだと思う。普遍文法（UG）と媒介変数（パラメータ）の考え方は，習得研究の理論としても有効であり，母語獲得研究のみならず第二言語習得研究も「客観的」で「説明的妥当性」を含んだ手法を取り入れることができるようになった。その後，若林茂則氏，平川眞規子氏，松村昌紀氏，遊佐典昭氏などが国際誌に論文を寄せて，日本の研究者の存在をアピールするようになっていく。また，第二言語の研究手法に関し，理論的枠組みの必要性を熱心に説いた大津由紀雄先生の啓蒙活動も大きな影響を及ぼした。

1991 (平成 3) 年 4 月，私は常葉学園大学から静岡大学教育学部に職場を移した。当時の同僚に，青木直子氏，伊藤友彦氏，上田功氏，野呂幾久子氏がいた。年齢も (言語学という枠組みにおいて) 専門も近かったため，研究の話も含めて親しくさせていただいた。私は元々日本語が好きだったこともあるが，同僚との交流をとおして，「第二言語としての日本語習得」に興味を持つようになった。実際，研究を始めてみると予想以上に楽しかった。私の母語が日本語であるため，学習者言語の文法性を判断するのが容易であった。しかも，「自然な習得環境にいる」学習者を探しやすい。手始めに韓国語を母語とする幼稚園児の日本語習得過程を調査し始めた。その後，毎週 1 回 2 年間，日本語の習得研究に興味を持つ学部生達と共に，静岡市内の小学校 (西豊田小学校) を訪問し，中国語，ポルトガル語，英語を母語とする子ども達から日本語習得のデータを収集した。どの子も，見る見るうちに日本語が上達してきて，人間の言語能力ってすごいなと感心したものだ。

この長期的観察をとおして，外国籍の子ども達から色々なことを学ばせて貰った。そのうちの 1 つは，「日本語 (第二言語) が流暢になったからといって，必ずしも学校の成績も良くなるわけではない」ということだ。これはちょっと考えれば当たり前のことではあるが，言語能力と，たとえば算数・数学の学力とは別物なのである。もし関係しているのであれば，日本語の母語話者は日本語で書かれた算数のテストでみんな満点を取るはずである。しかし，現実はそうではない。被験者のうちの一人，Ben 君は日本語はどんどんと上達したが，算数はとても苦手だったようで，大学生の家庭教師をつけて勉強していた。日本に暮らす外国籍の子ども達の中で，学校の勉強が遅れがちになる子がいるのは，言語の問題というよりも，当該科目を家庭で勉強していないこと，つまり家庭学習の量的不足に主原因があるのではないだろうか。必ずしもバイリンガル児が学業成績においてモノリンガル児よりも優れているわけではないのである。

この時代の自分を振り返り，心残りなのは，分析結果をあまり論文として発表しなかったことだ。理由はいくつか思い当たるが，一番の理由は自分が調査結果を見て，「なるほど」と納得し，それで満足して終わりにしてしまったからである。世間の皆様に公表する意欲に欠けていたのだ。2つ目の原因として，習得の記述的な部分は明らかにしても，「では，なぜそうなるのか？」という理論的な説明付けが自分の中で上手くまとまらなかったからだ。上述もしたが，この部分が欠如してしまうと研究の面白さが半減してしまう。ただし，1つ成果と呼んでも良いものがあり，それは，2004 (平成16) 年に日本語の母語話者 (子ども)，英語を母語とする子ども，そして成人の3グループを被験者に，日本語の照応表現「自分」の習得をテーマとして博士論文を仕上げたことである。主査は大阪大学に転出した青木直子氏が引き受けてくれた。この博士論文は，日本学術振興会から研究成果公開促進費をいただき，くろしお出版から2006 (平成18) 年7月『第二言語習得における束縛原理－その利用可能性』として公刊することができた。池上達昭氏のご尽力のお陰である。

前述したが，私は1991 (平成3) 年4月から，静岡大学教育学部英語教育講座に所属するようになった。当時の国立大学は「小講座制」という制度を採用しており，私は「英語科教育学」の小講座に属していた。よって，英語教育について問われれば，何でも答えられる教官 (独立行政法人に移行する前，私は「白畑教官」であった！) でなければならなくなった。しかし，私は文学部出身で，英語の免許状は取得してはいるものの，中・高で専任教員として教えたことがない (非常勤としてなら2年間高校で教えた経験はあるが)。ところが，相手 (主として教育委員会の指導主事の方々) は私に色々な質問をしてくる。加えて，次第に英語教育についての講演も頼まれるようになった。これは困ったなと思ったが，そうなれば勉強するしかないと決心し，遅ればせながら，ここから私は英語科教育学と出会い，真剣に勉強し始めたのである。英語教育の書物や論文を読み，学会にも参加し，そのお陰で尊敬すべき大勢の先生方と知り合う機会を得た。授業参観では3校ある教育学部の附属中学校と諏訪部真先生を始めとする先生方に大変お世話になった。

早期英語教育や小学校での国際理解教育 (英語教育) も熱を帯び始めてき

ており，1990 年代終盤から 2000 年代にかけて，早期英語教育に焦点を当てた講演依頼が多く舞い込んできた。私は当時「同時バイリンガル」の言語習得にも興味を持っていたこともあり，主として静岡県内であったが，様々な地域で小学校での国際理解教育・英語教育の研究協力員・座長として仕事をした。私は小学生が英語を学習することに反対ではない。ことばそのものへの感受性や英語（外国語）学習に興味を持つ子どもが増えるであろうという期待もある。しかし，積極的な賛成者でもない。それは，現在のカリキュラム，そして教える教員の方々の負担等を考慮に入れると，小学生にさほど英語能力が身につくとは思えないからだ。「小学校から始まったから，英語がペラペラになる」なんて思わない方が良い。期待しすぎは禁物である。

1990 年代初頭，学習指導要領が新たなものになり，「（実践的）コミュニケーション能力の育成」「英語が使える日本人の育成」というフレーズを盛んに耳にするようになった。もちろん，使えないよりは使える方が良いに決まっているし，コミュニケーション能力の育成自体にも異を唱えるつもりはない。しかし，その裏側にある「英文法教育軽視」に納得が行かないのは私だけであろうか。なぜコミュニケーション能力を育成しようとすると英文法教育を軽視することになるのだろうか。私は声を大にして言いたい。英文法の基礎をしっかりと学習しなければ，英語の上級者にはなれない。いつまで経っても初級者のレベルに留まることになると。ヨーロッパに住む人々の中には，母語以外で数か国語を話せる人がいる。羨ましい限りであるが，その主たる理由，そして彼らが外国語の教室で，それほど熱心に文法を学習しなくて済む理由は，ヨーロッパで話される言語同士が近いからだ。文法も発音も語彙も似ている。彼らの言語の大半は，大きくはインドヨーロッパ語族に属している。オランダ人やドイツ人に英語が上手で，TOEFL などで高得点を取る人が多いのは，彼らの母語が英語と同じゲルマン語族に属するからである。非常に似ているのだ。

英語と日本語はどうか。両者は句や節の主要部（例：動詞句なら動詞が主要部となる）が全く正反対に位置している。発音も語彙も何もかも，偶然の一致を除いて類似点が見当たらない。しかも，英語を話す国・地域が日本の近くには存在しないため，日常的に使用する機会が少ない。このような状況下では，英語を明示的に教える指導法が（完璧な方法ではないけれど）かなり役に立つ。CEFR の概念をそのまま日本の英語教育には持ち込めない。

再び英文法の話に戻るが，日本語を母語とする者が高い英語の能力を身につけたいと本気で思うのならば，少なくとも中学校，高等学校の英語の教科書に記載されている文法規則をしっかりと学習する必要がある。英文法の能力は 4 技能 5 領域の育成にとって不可避である。問題とすべきは，教師や参考書での英文法の扱い方であって，英文法そのものではない。適切な使用場面，状況を設けた上で文法を教えることだ。2020 (令和 2) 年度から始まった今回の学習指導要領の改訂で，小・中・高校の教科書も一新したが，それらを読むと (特に中学校と高校の教科書であるが)，大抵の教科書で使用場面を意識した文法項目の導入がなされているようで，これは好ましい傾向である。新出の文法項目の導入に際し，当該項目を使用しなければコミュニケーション活動がしにくい場面設定を教師は考えていくことが大事だ。ここが腕の見せ所である。

小学校の英語教育でも英語の教科書に記載されている文法規則は (小学生に理解できる教え方で) きちんと教える必要がある。「英文法を知らなくともコミュニケーションはできるから大丈夫」と主張されている方もいらっしゃるようであるが，学習初期の段階でならばそれで良くても，最終的には行き詰まってしまうと私は言いたい。丸暗記したフレーズがいくつか言えるようになっても，そこで足踏みしてしまい，それ以上の発達は見込めない。Do you like sushi? Yes, I do. などのフレーズを丸暗記して言えたとして，その次の学習はどう進めていくのであろうか。いつまでも Do you like…? ばかりやってもいられない。次のステップで文法学習なしに何を教えていけるのか？ フレーズの丸暗記だけでは英語力はつかない。

2022 (令和 4) 年現在，高校，または大学入試に「英語のスピーキングテスト (以下，スピーキングテスト)」を導入すべきか否かの議論が盛んに行われている。賛成者の意見の 1 つは，おそらく「入試で 4 技能の能力が問われることで，英語の指導方法が健全な方向へと変わる可能性が高くなるから」ということではないだろうか。入試にスピーキングテストが出題されないから，授業ではスピーキングの練習を軽視する教員がまだ多くいるのかもしれない (軽視する教員の割合を客観的に算出するのは難しいと思うが)。私は入試にスピーキングテストを加えることに (現在の状況では) 反対である（ただし，受験者数が限定される，ある1つの学科・コースでの推薦入試のような場合は別である）。大勢の受験生がいる入試にはスピーキングテストは不向きだと思う。入試というシステムの中では，受験生のスピーキング能力を適切に測れるとは思えない。入試でのスピーキングテストとは全く同一ではないが，「英語スピーチコンテスト」というものがある。私は審査員として呼ばれたりするが，その際の私の得点が他の審査員の方々とはいつも異なるのである。私だけではない。他の審査員同士でも異なるのが一般的だ。採点基準は4項目ないしは5項目に細分されている。大雑把な印象で採点していないにも関わらず，優秀者の順番や得点が異なるのである。たった20名ほどのスピーチを評価していてもこのような有様である。

「英検（実用英語技能検定）などでは2次試験でスピーキングテストを課していますよね。だから入試でも問題ないのでは？」というご意見がもしあるようならば，それは両者の性質がちょっと（かなり）違いますよと反論したい。まず，英検は受けたい人だけがお金を払って受けるテストである。万が一不合格になっても，もちろん悔しいだろうが，それだけである。そして，ある一定の点数（割合）以上を取れば，合格者の人数制限はなく，全員が合格となる。入試は違う。1点差で合否が分かれる時もよくある。大勢の採点者が，皆一律の基準に則り，何千何万という受験生のスピーキングの評価を1点差基準で採点できるのであろうか？私にはとても採点できない。

では，スピーキングテストは永遠に入試には導入できないのであろうか？難しい問いかけであるが，私は，将来は導入できる可能性があると思っている。たとえば，AI（人工知能）の開発がさらに進めば，可能になるかもしれない。それまでに，我々は様々な角度からスピーキングテストに関するデータを蓄積していくしかないだろう。焦らないことだ。

さて，私の記憶が確かであれば，1998（平成10）年頃，私は若林茂則氏と知り合いになり，その後すぐに冨田祐一氏，横田秀樹氏，須田孝司氏達を交えて，UG-based SLA 研究会なるものを作った。発足当時は，会員数が20名ほどだったこの研究会は，21世紀を迎えた2001（平成13）年3月24日，日本第二言語習得学会（The Japan Second Language Association, J-SLA）と名称を変更し，学会となり，静岡大学で設立記念大会を催した。そして，私はその責任の重さを深く考えもせず，初代会長となった。事務局長には若林氏が就任してくれた。設立したばかりだということで，体制を変えないで暫くはやりましょうということになり，私は結局8年ほど会長を続けることになる。執行部の年齢が若かったこともあり，年次大会の他にも，「秋の研修会」や「夏季セミナー」を催し，草津や八王子などのセミナーハウスに泊り込んで勉強合宿を開いた。昼は勉強，夜はリクリエーションが盛りだくさん組まれていて，一日中忙しかった。そこでは，かなり言いたいことを言い合った気がする。また，ユニークな大学生や大学院生が毎年多数参加してくれて，こちらも大いに刺激を受けた。

J-SLA 設立の趣旨を執行部で考えた。全文は現在でも学会のウェブページに記載されているので，ぜひ一読していただきたい。その最後の部分に，「科学的手法に基づいて第二言語習得の仕組みを明らかにすることは，他の認知科学領域と同様，ヒトの認知能力解明に少なからぬ貢献をもたらすに違いない」という文言を入れた。良い文言だ。とは言え，私は時々自問する。第二言語習得研究での「科学的手法」とは何か？「ヒトの認知能力解明」に貢献できるような研究を私はしてきたのだろうかと。

2012 (平成24) 年4月，愛知教育大学と静岡大学間で，共同教科開発学専攻 (博士課程) が認可・設置され，私も教員の一人となった。ここでは院生との共同研究や指導方法について貴重な経験を積ませて貰った。関わった院生の中から学位を取得する者が増えて来たのは嬉しい限りだ。博士課程に関与以来，言語学や第二言語習得研究の成果を外国語 (英語) 教育に活かすにはどうすれば良いか真剣に考えるようになった。確かな理論に基づいた第二言語習得研究の成果を英語教育実践に応用させたい。そのためには啓蒙活動が必要だ。しかし，どの研究領域でも同様だろうが，(前述したように) 最先端の研究成果を誰にでも分かるように，簡単な言葉で説明することほど難しいものはない。ここにジレンマが生じるが，仲間を募ってこれからも少しずつやっていこうと考えている。

冒頭で，「私はまだ研究を続けるつもりだ」と書いた。それでは，啓蒙活動以外に何をやるつもりなのか。まだ研究したいことがたくさん残ってはいるが，1つの課題を深く探究するにはとても時間がかかる。研究する順番を付けなければならない。そうなると最初に着手していくべきは，本シリーズ1巻で「予備調査」と題して横田氏と共に展開した内容，「英語文法項目別習得困難度順序の研究」の続きを行うことである。しかし，この課題だけでも大量であり，10年くらいかかってしまうかもしれない（笑）。

そろそろ「まとめ」に入らなければならない。以下に述べる2つのメッセージは他の書物にも書いた内容と重複する部分もあるが，本当に大事なことだと思っているので，ここでもう一度書かせていただく。1つ目のメッセージは，**「偉い人が本に書いているからといって，その主張が本当に正しいかどうかは分からないから，最後は自分でよく吟味しなければいけない」**ということである。私は，学会誌の論文査読を頼まれるが，そのような論文の中には，「誰々（偉い人）がこう言っている，誰々（これも偉い人）もこう言っている，だから正しい」と，偉い人の考え・主張があたかも「神の啓示」であるかのように書いているものがある。しかも，実証的なデータからの裏付けもなしに，「偉い人」の主張することを何ら疑いもせずに真実だと思っている人達が意外にも大勢いる。研究する際，これはとても危険である。「偉い人」の意見を鵜呑みにしてはいけない。自分自身でよく考えてみる姿勢を身につけることが大事だ。

もう1つのメッセージは，上とも少々関連するが，**「研究においては年齢や役職は関係なく，皆平等」**だということである。もちろん，長老には敬意を払いつつも，研究の上では遠慮することなく自分の主張をするのがとても健全なのではないか。私の知る範囲において，本当に尊敬できる研究者は謙虚であり，親切である。質問すれば必ず答えてくれる。怒ることもあるかもしれないが，それはあなたのことを真剣に考えてくれているからだ。注意されなくなったらおしまいだ。

さて，本当に最後であるが，本シリーズの各章を読んで，その内容に疑問を持たれたり，この研究の続きを自分でもやってみたいと思われたりする読者の方が一人でも多く出て欲しいと願う。そして，そう思ったら是非アクションを起こしてみて欲しい。著者に直接コンタクトしてみても良いだろう。きっと皆さん，あなたからの連絡を歓迎してくれるはずだ。なぜなら本シリーズの執筆陣は皆，尊敬できる研究者集団であるから。このシリーズが第二言語習得，英語科教育学分野の発展に少しでも貢献できれば，私にとってこの上なく喜ばしいことである。

執筆者一覧（執筆順）

畠山雄二（はたけやま ゆうじ）
東京農工大学 工学研究院准教授

本田謙介（ほんだ けんすけ）
茨城工業高等専門学校 国際創造工学科 教授

田中江扶（たなか こうすけ）
信州大学 教育学部 准教授

松村昌紀（まつむら まさのり）
名城大学 理工学部 教授

横田秀樹（よこた ひでき）
静岡文化芸術大学 文化政策学部 教授

白畑知彦（しらはた ともひこ）
静岡大学 教育学部 教授

スネイプ・ニール（Neal Snape）
群馬県立女子大学 国際コミュニケーション学部 教授

鈴木孝明（すずき たかあき）
京都産業大学 外国語学部 教授

村野井仁（むらの いひとし）
東北学院大学 文学部 教授

尾島司郎（おじま しろう）
横浜国立大学 教育学部 教授

冨田祐一（とみた ゆういち）
学習院大学 文学部 教授

編者
大瀧綾乃（おおたき　あやの）　静岡大学 教育学部 講師
須田孝司（すだ　こうじ）　静岡県立大学 国際関係学部 教授
中川右也（なかがわ　ゆうや）　三重大学 教育学部 准教授
横田秀樹（よこた　ひでき）　静岡文化芸術大学 文化政策学部 教授

［シリーズ編者］大瀧綾乃・須田孝司・中川右也・横田秀樹・若林茂則

第二言語習得研究の科学３　人間の能力

初版第１刷 ——— 2023年 3月30日

編　者 ——— 大瀧綾乃・須田孝司・中川右也・横田秀樹

発行人 ——— 岡野秀夫
発行所 ——— 株式会社 くろしお出版
〒102-0084　東京都千代田区二番町4-3
［電話］03-6261-2867　［WEB］www.9640.jp

印刷・製本　シナノ書籍印刷　　装　丁　井之上 聖子

Printed in Japan
ISBN978-4-87424-938-3 C3080